# 20대 남자

20대 남자

지은이
천관율, 정한울

초판 1쇄 펴낸날
2019년 10월 1일

발행인
표완수

편집인
김은남

편집
송지혜

디자인
신용진

제작
한영문화사

펴낸곳
(주)참언론 시사IN북

출판등록
2009년 4월 15일
제300-2009-40호

주소
(04506) 서울시 중구 중림로 27
가톨릭출판사빌딩 3층

전화
02-3700-3250(마케팅)
02-3700-3270(편집)

주문 팩스
02-3700-3209

전자우편
book@sisain.kr

홈페이지
http://sisainbook.com

시사IN북은 시사주간지 〈시사IN〉에서
만든 출판 브랜드입니다.



이 도서의 국립중앙도서관
출판예정도서목록(CIP)은
서지정보유통지원시스템 홈페이지
(http://seoji.nl.go.kr)와
국가자료공동목록시스템
(http://www.nl.go.kr/kolisnet)에서
이용하실 수 있습니다.
(CIP 제어번호: CIP2019035520)

ISBN
978-89-94973-53-1(03330)

값
16,000원

# 20대 남자

## '남성 마이너리티' 자의식의 탄생

천관율 × 정한울

# 들어가는 말

이 책은 2019년 4월 〈시사IN〉에서 연재한 '20대 남자, 그들은 누구인가' 연재기획과 그 뒷이야기들을 모은 것이다. 〈시사IN〉에서 기사를 보셨던 분이라면 굳이 이 책을 다시 보실 필요는 없다.

이 책은 세대론을 다루고 있지 않다. '20대 남자의 모든 것'을 주목하지 않는다. 지금 한국의 20대 남자가 공화국 시민으로서 보여주는 독특한 특성에만 집중한다. 그러니 20대 남자들에게 무언가 마케팅을 하고 싶다거나, 직장에서 이들과 일을 잘 해보고 싶은 분들도 이 책을 볼 이유는 없다. 물론 마케터나 직장 상사들이 얻을 힌트가 있다고는 생각하지만, 우리의 핵심 질문은 그게 아니다.

기획연재가 나간 후 여러 대학과 문화공간에서 강연자로 불러주셨다. '기사를 남자친구와 읽고 토론하다가 싸웠다. 결국 헤어졌다'는 사연을 청중에게 들었다. 세 번이나! 어쩔 줄 몰라 하며 사과했다가 오히려 감사 인사를 받은 적도 있다. 그러니 만족스러운 연애에 변수를 만들고 싶지 않은 분들도 이 책을 피하는 게 좋겠다.

우리는 국회, 정당, 정부부처에서 개최하는 세미나와 강연에도 자주 불려 다녔다. 갈 때마다 민망한 기분이 든다. 그 분들은 2020년 총선에서 20대 남자 표심을 잡으려면 뭘 해야 하는지, 유난히 낮은 20대 남자들의 대통령 지지율을 회복하려면 뭘 해야 하는지 궁금해한다. 저자 중 한 명인 천관율은 국회를 취재하는 기자다. 천관율은 국회에서 "그러니까 해법이 뭐야? 우리가 뭘 해야 돼?"라는 질문에 한동안 시달렸다. 할 수 있는 답은 하나밖에 없었다. "그걸 알면 썼겠죠."

이 세대 남성이 뭔가 다르다는 사실은, 문재인 대통령 지지율이 20대 남자에서 지속적으로 20대 여성보다 낮게 나오면서 최초로 주목받았다. 하지만 우리는 대통령 지지율 하락이 '20대 남자 현상'의 본질이라고 생각하지 않는다. 그것은 오히려 어떤 징후다. 이 세대 남성들에게 무언가 흥미로운 일이 일어나고 있고, 대통령 지지율은 단지 그게 수면 위로 올라온 최초의 계기였다. 그러므로 우리는 20대 남자들의 대통령 지지율을 어떻게 높일지 혹은 낮출지에 대해 별다른 답을 갖고 있지 않다. 그 답을 찾는 분들에게도 이 책은 만족스럽지 않을 것이다.

이쯤 되면 '대체 누구더러 이 책을 사라는 건지' 싶은 생각이 든다. 이 책은 질문하는 책이다. '20대 남자들은 이러이

러해'라고 대충 뭉뚱그려 거론되던 이야기들 하나하나를, "그거 맞아?"라고 따져 묻는 책이다. 속 시원한 답은 이 책에 사실상 하나도 없다. 다만 우리가 답을 찾아나가기 위해 무엇을 질문해야 하는지를 치열하게 탐구했고, 그것들을 우리가 할 수 있는 최선의 방법으로, 감이 아니라 데이터로 검증하려 했다. 이 기획을 위한 여론조사에서 우리가 던진 질문의 숫자는 총 208개다. 너무나 방대하여 〈시사IN〉 지면에 소개하지 못한 데이터들을 이 책에는 최대한 풍부하게 담았다.

우리는 이 프로젝트를 마친 후, 한국의 젊은 남성들이 젠더 문제에서 보여주는 태도를 '여성혐오'라고 부를 수 있는지 고민하게 되었다. 본문에서 자세하게 다루겠지만, 젊은 남성들이 보여주는 태도의 본질은 '여성에 대한 혐오' 그 자체가 아니다. 오히려 일관성 있게 관찰되는 태도는 '도움을 받을 자격이 있는가'를 놓고 기준과 잣대가 눈에 띄게 가혹하다는 사실이다. 이 가혹한 기준을 통과하지 않는 한, 어떤 사회적 우대나 지원 정책에도 불공정 딱지가 붙는다. 우리는 본문에서 이런 성향을 '맥락이 제거된 공정' '납작한 공정'이라고 부른다.

가혹한 기준을 통과하는, 즉 도움받을 자격이 있다고 인정받는 집단으로는 장애인이 있다. 그리고 이 기준에 미달하는 집단으로는 여성이 있다. 그러므로 이들의 눈에 한국 여성은 '도움받을 자격에 미달하지만 권력을 등에 업고 특혜를 누리는 집단'이 된다. 무임승차자다. 그리고 무임승차자에 대한 분노는 정당하고 정의롭다.

그러니까 이것은 일종의 '도덕 이론'이다. 지금 20대 남자들이 화가 나 있다면, 그들은 불리하다고 화를 내는 게 아니다. 불의하다고 화를 내는 것이다. 이 차이를 이해하지 못하면 이 현상을 다루기 어렵다고 우리는 생각한다. 사람들은 자신이 정의의 편이고 상대가 불의하다고 느낄 때, 그게 진실이든 허위의식이든 간에, 진정으로 강하고 오래가는 에너지를 뿜어낸다. 지금 우리가 보고 있는 현상의 뿌리에는 아주 독특한 '도덕 이론'이 있다.

불리하다고 화를 내는 사람들에게는 지원 보따리를 안겨주는 게 답이다. 하지만 불의하다고 화를 내는 사람들은 그런 식으로 달랠 수 없다. 오히려 중요한 첫걸음은, 이 독특한 '도덕 이론'이 어떻게 구성되는지, 왜 어떤 이들은 이런 '도덕 이론'에 도달하고 다른 이들은 아닌지, 그러니까 '도덕 이론' 자체를 더 정교하고 섬세하게 이해하는 작업이다. 너무 빨리 해법을 찾으려 들면 오히려 꼬인다. 이해 그 자체가 중요한 해결책일 수 있다.

이미 기사로 공개된 이야기를 별다른 통찰도, 진전도 더 하지 못하고 책으로 묶어 낸다. 부끄러워서 계속 도망 다니다 보니 일정도 늦어지고 함께 일하는 동료들에게도 짐을 지웠다. 죄송한 마음이다. 이 이야기가 책으로 존재할 의미가 있는지를 마지막까지 고민했던 탓이다.

우리가 그 어떤 해답도 내고 있지 않으나, 우리가 던지는 질문이 적어도 앞으로 한 세대 이상 중요한 질문이 될 것이라고 생각한다. 이 책에서 던진 가설은 아마도 여러 군데가 틀렸다고 결론 날 것이다. 하지만 우리는 생산적으로, 반증 가능하게 틀리려고 노력했다. 이제 무엇이 틀린 이야기인지를 검증하기가 이전보다 쉬워졌다. 많은 이들이 우리의 작업을 밟고, 우리가 왜 틀렸는지를 밝혀내면서 더 멀리까지 갈 수 있다면, 이 책은 제 몫이 있다고 믿는다.

2019년 8월
저자들을 대표하여 천관율이 썼다.

# 차례

## 어떻게 조사했나

- 조사기관: 한국리서치
- 조사방법: 휴대전화 문자와 이메일을 이용한 웹조사
- 표집틀: 한국리서치 웹조사 패널 45만 명
- 협조율: 조사 요청 1만 2,385명, 조사 참여 1,303명, 조사 완료 1,000명
- 표본 크기: 19~29세 남녀 500명 + 30세 이상 남녀 500명
- 조사기간: 2019년 3월 20~22일

## 일러두기

- 셀별 총합이 100% 아닌 경우가 있다. 이는 가중치의 적용 유무, 가중치 반영 시 반올림 처리 방식 등에 의해 발생하는 0.1~0.2% 정도의 미세한 수치로, 전체 응답 분포에 대한 유의한 차이는 없다.
- 20대만 추가 표본을 표집하여 전체 1,000명 중 20대의 샘플 수는 500명이다. 전 세대의 응답 분포를 파악하거나 다른 세대와의 차이를 비교할 때는 1,000명 중 20대 세대 구성비(179명)에 비례하도록 조정하는 가중치와 20대 500명에 비례하도록 조정하는 가중치를 분석 목적에 따라 사용하였다.

# 20대 남자를 말하다

# 1장 20대 남자, 그들은 누구인가

천관율

〈시사IN〉과 여론조사 전문 기업 한국리서치는 2019년 1월부터 '20대 남자 현상'을 주제로 심층 조사를 기획했다. 준비를 시작하자마자, 우리는 어려운 질문에 마주쳐야 했다. 대체 '20대 남자 현상'이 뭐지?

20대 남자 현상이 존재하는 건 분명하다. 20대 남자는 2018년부터 문재인 대통령 지지율이 유난히 빠졌던 집단이다. 청와대도 이 상황을 심각하게 보고 대책을 검토했다. 대통령 직속 정책기획위원회에서 이 주제로 작성한 보고서는 페미니즘 비하 표현 논란에 휩싸이기도 했다. 온라인에서는 '메갈리아'가 탄생한 2015년을 기점으로 5년째 젠더 전쟁이 끊이지 않고 벌어진다.

그러나 분명한 점은 여기까지다. 이 현상의 원인은 고사하고 정체가 무엇인지부터가 뚜렷하지 않다. 젊은 보수 세대가 탄생하는 중인가? 페미니즘 물결에 대한 반작용인가? 여성 혐오가 확산되는 사회심리 현상일까? 성별 권력 관계가 이미 역전되었는데 사회가 그 현실을 못 따라가기 때문인가? 공정성에 유난히 민감한 '공정 세대'가 등장했나? 입시와 취업 전쟁으로 이어지는 '시험 공화국'이 낳은 결과물일까? 저성장이 이 세대를 좌절시켰을까? 이제 주류가 된 386 세대에 대한 젊은 세대의 저항인가? 이도 저도 아니면 온라인에서 보이는 소수의 극단주의자가 그저 과대평가된 것일까? 지금까지 제기된 설명만 모아도 목록이 꼬리를 문다.

2019년 3월. 몇 번인가 기획 미팅이 도돌이표로 끝난 어느 날, 기자는 한국리서치 정한울 전문위원(정치학 박사)과 마주 앉아서 푸념을 늘어놓고 있었다. 현상의 원인을 찾아도 모자랄 시간에, 현상 자체가 무엇인지부터 검증해야 할 판이었다. 보수화 가설도, 공정 세대 가설도, 시험 공화국 가설도, 반(反)페미니즘 가설도, 여성 혐오 가설도, 세대 갈등 가설도 증거가 부족해 보였다. 묵묵히 듣고 있던 정한울 전문위원이 간명하게 상황을 정리했다.

"정말 그렇네요. 그러면 다 물어보죠 뭐."

기자는 처음에 잘못 들었다고 생각했다.

"뭘 다 물어본다고요?"

"그거 전부 다요."

그래서 전부 다 물어보기로 했다. 떠올릴 수 있는 모든 가능성을 최대한 다 집어넣은 질문지를 짰다. 〈시사IN〉과 한국리서치가 공동 기획한, 질문 숫자가 208개에 이르는 초대형 여론조사는 그렇게 탄생했다. 이런 방대한 조사는 전화로는 불가능하다. 질문 208개를 듣기 한참 전에 거의 모든 응답자의 인내심이 고갈될 것이다. 대안은 온라인에서 응답자들이 답변을 클릭하는 방식의 웹 조사다. 문항이 방대해지더라도 응답률이 별로 떨어지지 않는다. 한국리서치는 웹 조사용 패널 45만 명을 확보하고 있다.

2019년 3월 20일부터 3월 22일까지 사흘 동안, 19세 이상 성인 남녀 1,000명을 대상으로 조사했다. 20대 여론을 정교하게 보기 위해, 20대(여론조사 단위로는 19~29세이나, 이 글에서는 편의상 20대로 부른다) 응답자만 500명을 확보했다. 즉, 이번 조사의 응답자는 20대 남녀 500명, 그 외 연령대의 성인 남녀 500명이다. 전체 결과를 합산할 때는 연령별 가중치를 계산하여 인구 비례에 맞췄다. 조사 요청을 보낸 사람은 1만 2,385명, 조사에 참여한 사람은 1,303명이다. 이 중 303명이 중도에 조사를 포기했고 1,000명이 최종 응답했다. 조사 요청 대비 응답 비율은 8.1%, 조사 참여자 대비 응답 비율은 76.7%다.

20대 남자 현상의 백미는 단연 젠더 문제다. 노동 시장 성차별 문제, 연애·결혼 시장의 성차별 문제, 그리고 페미니즘 문제에 이르기까지, 20대 남자는 젠더 문제에 가장 일관되고 강력하게 반응한다.

### 20대 남자의 68.7% '남성 차별 심각하다'

한국 사회의 여성 차별 문제가 얼마나 심각한지 물었다(표 1-1-1). 20대 남자 중 60.8%가 '심각하지 않다'고 답했다. 그런데 이것은 20대 남자 현상이 아니다. 30세 이상 남자들의 평균 응답도 20대와 다르지 않다. '심각하지 않다'가 59.8%다. 여성 응답은 어땠을까. 20대 여자는 '심각하다' 쪽으로 단연 쏠린다. 85.3%다. 30세 이상 여자도 여전히 여성 차별 문제를 심각하게 받아들인다. '심각하다'가 65.8%다. 여성 차별에 대해서는 전 세대에 걸쳐 남녀의 인식 격차가 크다.

20대 남자 현상은 그다음 문항에서 드러난다. 한국에서 남성 차별 문제가 얼마나 심각한지 물었다(표 1-1-2). 20대 여자는 '심각하지 않다' 56.3%로, 미적지근했다. 30세 이상 여자는 더 시큰둥하다. '심각하지 않다'가 70.1%다. 남성 차별이란 한국 사회에서 아직 낯선 개념이다. 남자들도 30세 이상은 받아들이기 어려워한다. '심각하지 않다'가 60.3%로, 오히려 20대 여자보다도 높다. 그런데 20대 남자로 오면 아주 다른 결과가 나온다. '심각하지 않다'는 26.8%로 추락하고, '심각하다'가 68.7%까지 치솟는다. '매우 심각하다'라는 강한 응답만 따로 봐도 30.5%나 된다.

이것으로 흥미로운 차이가 드러난다. 20대 남자는 여성 차별 문제를 가볍게 평가한다는 점에서는 특별하지 않다. 이 대목에서 20대 남자는 기성세대 남성과 일치한다. 20대 남자

[표 1-1-1]　여성 차별 문제 심각한가

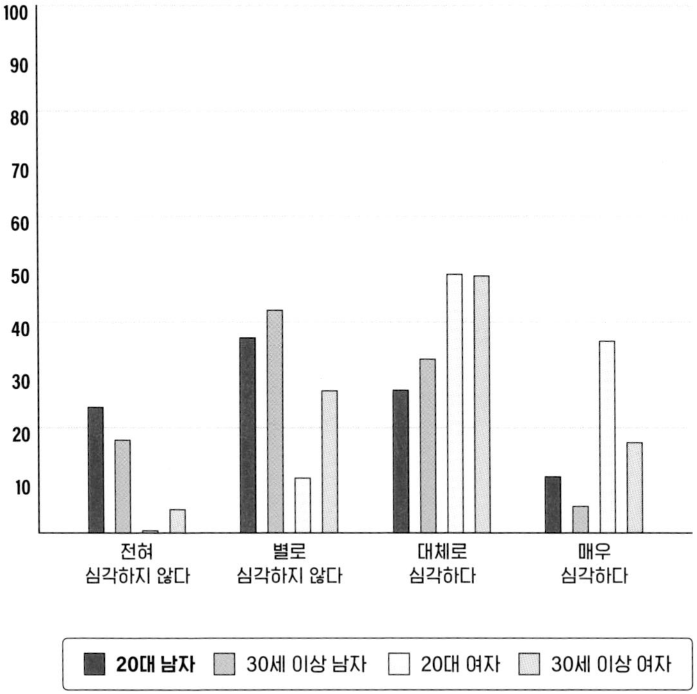


| | 전혀 심각하지 않다 | 별로 심각하지 않다 | 대체로 심각하다 | 매우 심각하다 | 모르겠다 |
|---|---|---|---|---|---|
| 20대 남자 | 23.8 | 37.0 | 23.0 | 10.6 | 5.6 |
| 30세 이상 남자 | 17.6 | 42.2 | 32.9 | 5.0 | 2.4 |
| 20대 여자 | 0.4 | 10.4 | 49.0 | 36.3 | 3.9 |
| 30세 이상 여자 | 4.4 | 26.9 | 48.7 | 17.1 | 2.9 |

(단위: %)

[표 1-1-2]　남성 차별 문제 심각한가

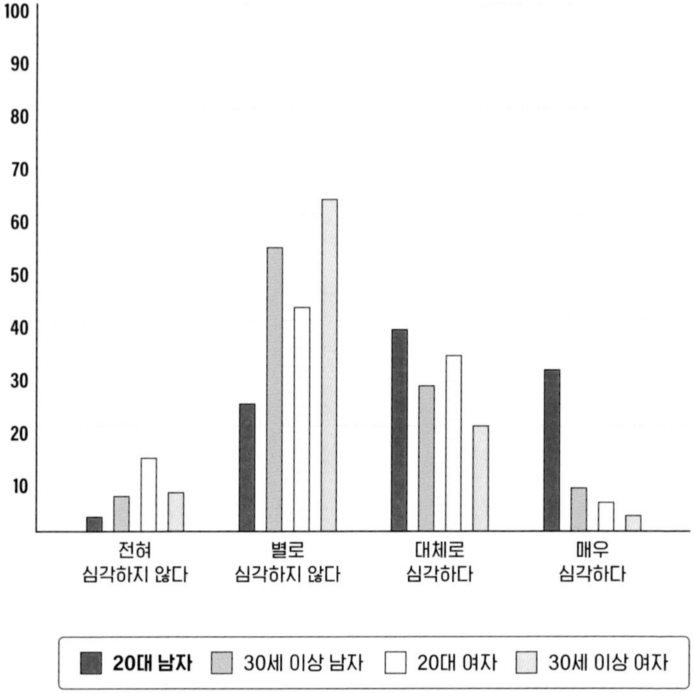


| | 전혀 심각하지 않다 | 별로 심각하지 않다 | 대체로 심각하다 | 매우 심각하다 | 모르겠다 |
|---|---|---|---|---|---|
| 20대 남자 | 2.7 | 24.1 | 38.2 | 30.5 | 4.5 |
| 30세 이상 남자 | 6.6 | 53.7 | 27.5 | 8.2 | 4.0 |
| 20대 여자 | 13.9 | 42.4 | 33.2 | 5.4 | 5.2 |
| 30세 이상 여자 | 7.3 | 62.8 | 19.9 | 2.9 | 7.1 |

(단위: %)

가 진정으로 특별한 집단이 되는 것은 남성 차별 문제를 무겁게 평가하기 때문이다. 차별받고 있다는 인식은 일관된 분노와 강한 결집력과 지치지 않는 지구력을 만들어낸다. 이것은 기성세대 남성에게서 찾기 어려운 인식이다.

### 취업도, 승진도 여성에게 불리하지 않다?

그런데 어떤 차별일까? 20대 남자는 어느 대목에서 차별받았다고 느끼나? 노동 시장, 연애·결혼 시장, 법 집행 등 어느 영역에서 차별 인식이 등장하는지 실체를 추적해봤다. 노동 시장부터 보자. 취업 기회가 대체로 공정하다고 보는지, 남녀 중 어느 한쪽에 불리하다고 보는지를 물었다(표 1-2-1). 전체 응답자 평균은 '여성에게 불리하다' 49.1%, '공정한 편이다' 31.2%, '남성에게 불리하다' 13.7%다. 여성이 불리하다는 인식이 다수인 가운데, 공정하다는 인식도 만만치 않다. 30세 이상 남자의 응답도 이 순서다. '여성에게 불리하다' 42.9%, '공정한 편이다' 36.6%, '남성에게 불리하다' 16.4%였다. 그런데 20대 남자로 오면 순서 자체가 뒤집힌다. '공정한 편이다' 45.9%, '남성에게 불리하다' 29.2%, 그리고 맨 마지막이 '여성에게 불리하다' 16.9%다.

다음으로 승진·승급 기회가 공정한지 물었다(표 1-2-2). 이 영역은 특히 여성에게 불공정하기로 악명이 높다. 전체 평균 응답도 한쪽으로 크게 기운다. '여성에게 불리하다' 응답

[표 1-2-1] 남녀 간에 취업 기회는 공정한가

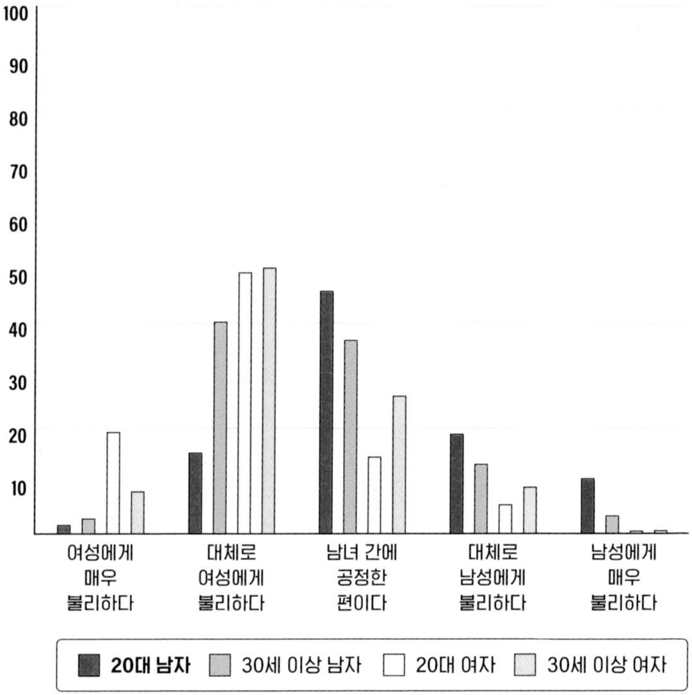


| | 여성에게 매우 불리하다 | 대체로 여성에게 불리하다 | 남녀 간에 공정한 편이다 | 대체로 남성에게 불리하다 | 남성에게 매우 불리하다 | 모르겠다 |
|---|---|---|---|---|---|---|
| **20대 남자** | **1.6** | **15.3** | **45.9** | **18.8** | **10.4** | **8.0** |
| 30세 이상 남자 | 2.8 | 40.1 | 36.6 | 13.1 | 3.3 | 4.2 |
| 20대 여자 | 19.2 | 49.4 | 14.5 | 5.4 | 0.4 | 11.0 |
| 30세 이상 여자 | 7.9 | 50.3 | 26.0 | 8.8 | 0.5 | 6.5 |

(단위: %)

[표 1-2-2] 남녀 간에 승진·승급 기회는 공정한가

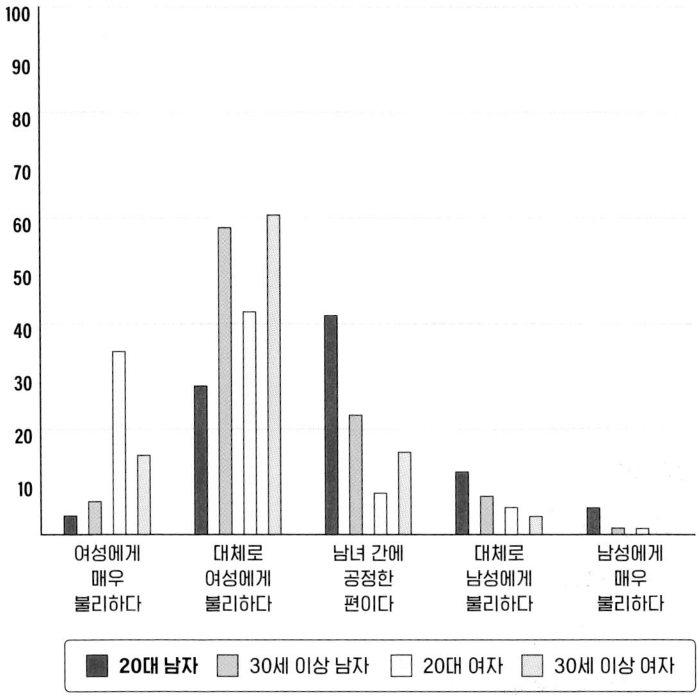


(단위: %)

| | 여성에게 매우 불리하다 | 대체로 여성에게 불리하다 | 남녀 간에 공정한 편이다 | 대체로 남성에게 불리하다 | 남성에게 매우 불리하다 | 모르겠다 |
|---|---|---|---|---|---|---|
| **20대 남자** | **3.5** | **28.1** | **41.5** | **11.8** | **5.0** | **10.1** |
| 30세 이상 남자 | 6.2 | 58.1 | 22.6 | 7.2 | 1.2 | 4.8 |
| 20대 여자 | 34.7 | 42.2 | 7.8 | 5.1 | 1.1 | 9.1 |
| 30세 이상 여자 | 15.0 | 60.5 | 15.6 | 3.4 | 0.0 | 5.6 |

이 67.1%다. 30세 이상 남자도 동의한다('여성에게 불리하다' 64.3%). 20대 남자는 이번에도 예외다. '여성에게 불리하다' 응답이 31.6%로 크게 떨어지고, '공정한 편이다' 응답이 더 우세하다(41.5%). '남성에게 불리하다' 응답도 제법 나온다(16.8%).

한국 노동 시장이 여성에게 불공정하게 기울었다는 인식은 공감대가 넓다. 취업은 대체로 그렇고, 승진과 승급은 더 선명히 그렇다. 그런데 20대 남자만은 두 영역 모두 '공정하다'고 인식한다. 노동 시장에서 20대 남자는 차별 피해를 적극 주장하지는 않는다. 다만 다른 세대 여론과 동떨어진 채로 '노동 시장에서 여성 차별이 존재하지 않는다'고 말한다.

### '한국에서 결혼은 여자에게 유리하다' 66.3%

연애·결혼 시장은 온라인에서 젠더 전쟁의 단골 소재다. '김치녀'라는 말은 '연애와 결혼에서 이기적으로 구는 한국 여성'을 뜻하는 멸칭으로 출발했다. 남녀 중에 누가 연애·결혼 상대에게 더 순수하고 헌신적이라고 생각하는지 물었다(표 1-3-1). 이 주제로 온라인 공간에서 매일같이 벌어지는 젠더 전쟁을 떠올려보면 성별에 따라 응답이 극적으로 갈리리라고 우리는 예상했다. 하지만 결과는 달랐다. '별 차이 없다'는 응답이 50.8%로 가장 많았다. 어느 한쪽이 일관되게 순수하고 반대쪽이 일관되게 이기적이라는 인식은 온라인에서 보는 것만큼 보편적이지는 않다. 오히려 이런 식의 성차 논쟁에 가장 시큰

[표 1-3-1] 연애나 결혼 상대에게 더 순수하고 헌신적인 성별은 어느 쪽인가

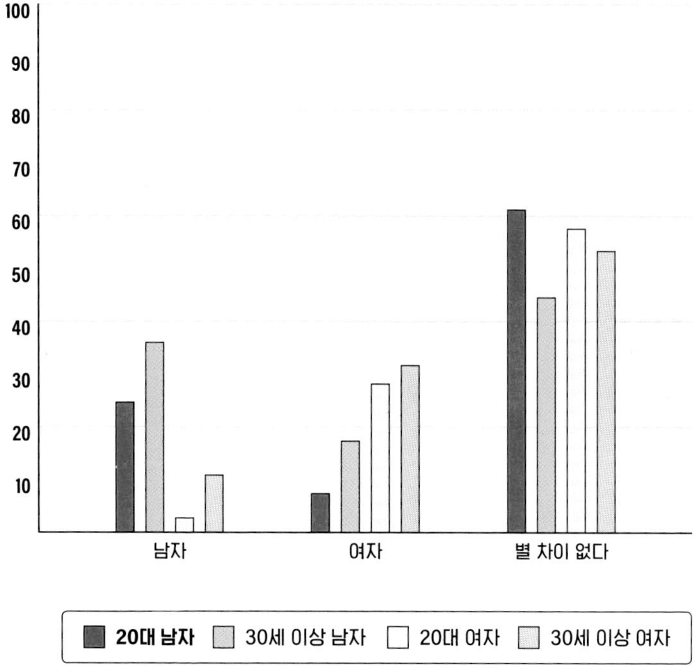


| | 남자 | 여자 | 별 차이 없다 | 모르겠다 |
|---|---|---|---|---|
| 20대 남자 | 24.6 | 7.3 | 61.1 | 7.1 |
| 30세 이상 남자 | 35.9 | 17.3 | 44.5 | 2.4 |
| 20대 여자 | 2.7 | 28.1 | 57.5 | 11.6 |
| 30세 이상 여자 | 10.8 | 31.6 | 53.3 | 4.3 |

(단위: %)

등한 세대·성별 집단이 20대 남자다. 20대 남자에서 '별 차이 없다' 응답은 61.1%로, 모든 세대·성별 중에서 가장 높다.

다른 방식의 질문에서도 이 결과는 그대로 유지된다. '한국 여성은 연애와 결혼에서 남성에게 이기적으로 군다'는 말에, 20대 남자의 54.4%가 동의했다(표 1-3-2). 30세 이상 남자의 52.3%와 사실상 차이가 없다. 연애·결혼 시장에서 여성의 태도를 평가하는 문제로 보면, 20대 남자는 특별히 유난한 태도를 보이지 않는다.

그런데 미묘한 차이가 있다. 20대 남자는 '여성이 이기적'이라고 특별히 더 강하게 생각하지는 않지만, 연애와 결혼이 '여성에게 더 유리한 게임'이라고는 특별히 더 강하게 생각한다. '한국의 결혼 문화는 여성에게 더 유리하다'라는 문장을 제시하자, 여기에 동의하는 여자는 19.8%에 그쳤다. 30세 이상 남자는 동의 48.1% 대 동의 안 함 47.0%로 팽팽하다(표 1-3-5). 그런데 20대 남자는 이 말에 66.3%가 동의한다. 세 명 중 두 명이 '결혼은 여자한테 유리한 게임'이라고 생각한다. 사회 평균은 물론이고 기성세대 남성의 인식과도 꽤 떨어져 있다.

그러니까 20대 남자의 눈에는, 연애와 결혼 게임의 상대보다는 이 게임의 규칙이 더 나빠 보인다. 20대 남자는 여자들에게 유난히 화가 나 있는 남자가 아니다. 이 대목에서 이들은 적어도 기성세대 남자와 비슷한 정도만 화를 낸다. 대신

[표 1-3-2] 한국 여성은 연애와 결혼 문제에서 남성에게 이기적으로 군다

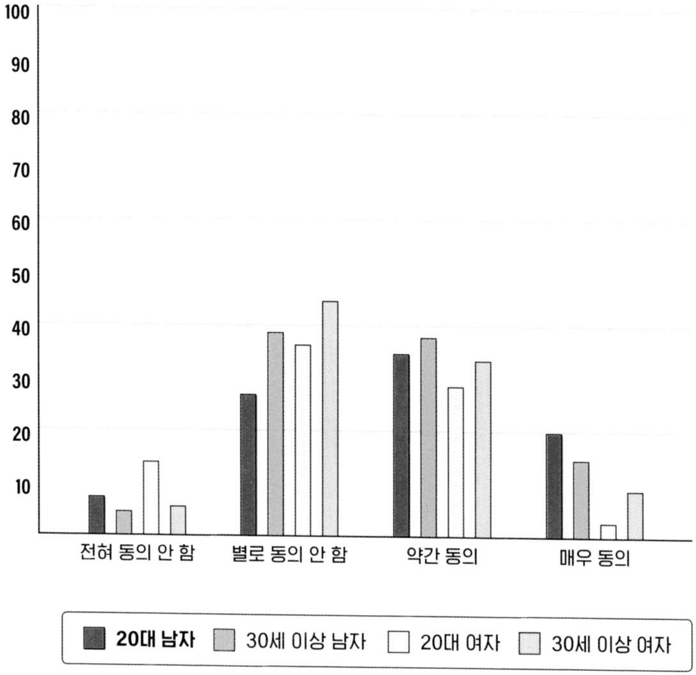


|  | 전혀 동의 안 함 | 별로 동의 안 함 | 약간 동의 | 매우 동의 | 모르겠다 |
|---|---|---|---|---|---|
| **20대 남자** | **7.1** | **26.7** | **34.6** | **19.8** | **11.8** |
| 30세 이상 남자 | 4.4 | 38.5 | 37.7 | 14.6 | 4.8 |
| 20대 여자 | 13.8 | 36.2 | 28.4 | 2.7 | 18.8 |
| 30세 이상 여자 | 5.4 | 44.5 | 33.3 | 8.8 | 8.0 |

(단위: %)

[표 1-3-3] 한국 남성은 연애와 결혼 문제에 여성에게 이기적으로 군다

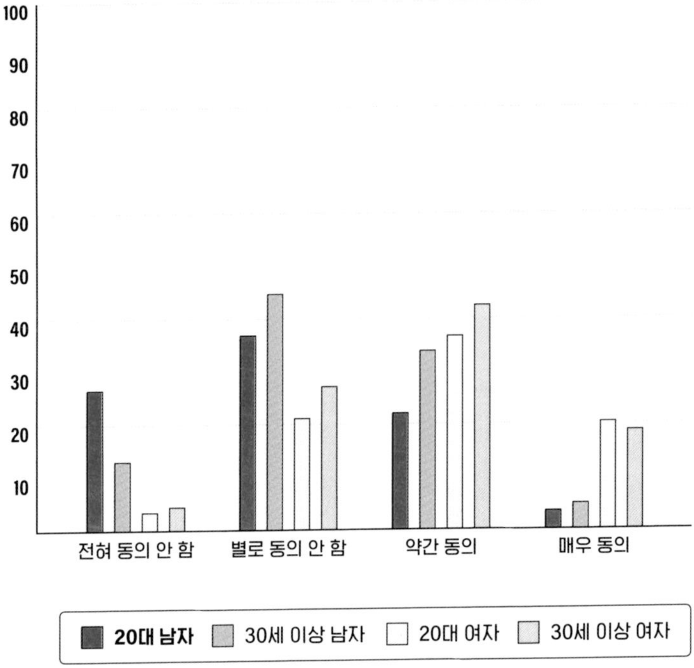


(단위: %)

| | 전혀 동의 안 함 | 별로 동의 안 함 | 약간 동의 | 매우 동의 | 모르겠다 |
|---|---|---|---|---|---|
| 20대 남자 | 26.6 | 36.9 | 22.0 | 3.4 | 11.0 |
| 30세 이상 남자 | 13.0 | 44.7 | 33.8 | 4.8 | 3.6 |
| 20대 여자 | 3.4 | 21.1 | 36.6 | 20.2 | 18.8 |
| 30세 이상 여자 | 4.4 | 27.1 | 42.4 | 18.6 | 7.5 |

[표 1-3-4] 한국의 연애와 데이트 문화는 여성에게 더 유리하다

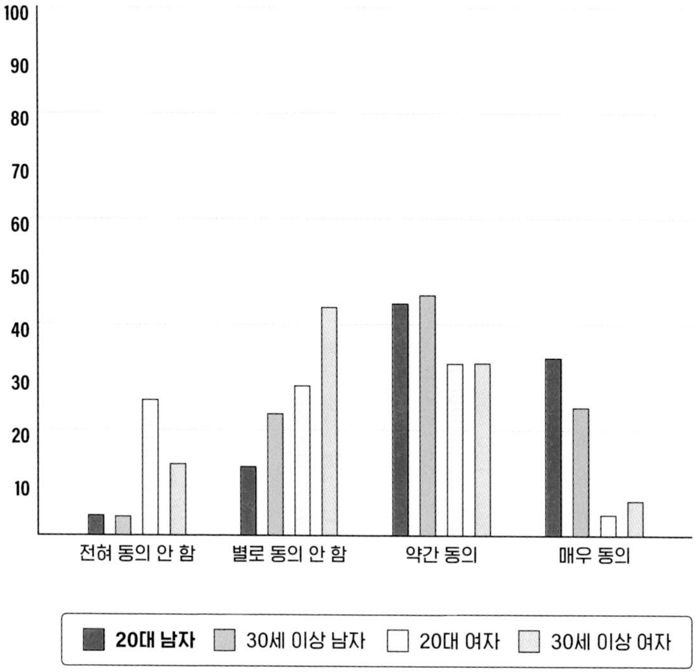


| | 전혀 동의 안 함 | 별로 동의 안 함 | 약간 동의 | 매우 동의 | 모르겠다 |
|---|---|---|---|---|---|
| 20대 남자 | 3.7 | 13.0 | 43.9 | 33.6 | 5.9 |
| 30세 이상 남자 | 3.5 | 23.0 | 45.5 | 24.2 | 3.9 |
| 20대 여자 | 25.6 | 28.3 | 32.5 | 3.9 | 9.7 |
| 30세 이상 여자 | 13.5 | 43.2 | 32.6 | 6.5 | 4.1 |

(단위: %)

[표 1-3-5] 한국의 결혼 문화는 여성에게 더 유리하다

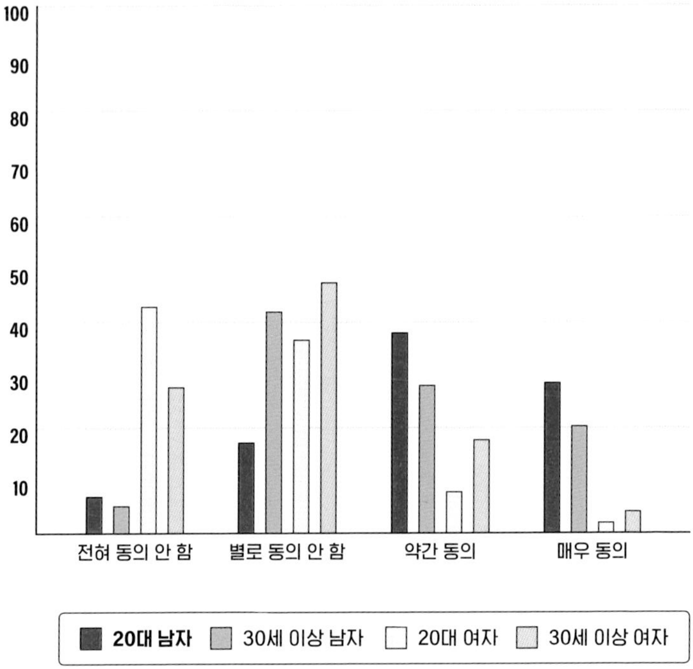


(단위: %)

| | 전혀 동의 안 함 | 별로 동의 안 함 | 약간 동의 | 매우 동의 | 모르겠다 |
|---|---|---|---|---|---|
| 20대 남자 | 6.9 | 17.1 | 37.9 | 28.4 | 9.7 |
| 30세 이상 남자 | 5.1 | 41.9 | 27.9 | 20.2 | 4.9 |
| 20대 여자 | 42.9 | 36.5 | 7.8 | 1.9 | 11.0 |
| 30세 이상 여자 | 27.6 | 47.4 | 17.6 | 4.1 | 3.2 |

20대 남자는 게임의 규칙에 유난히 화가 나 있다.

다음 조사 결과와 함께 보면 더 의미심장해진다. '법 집행'이 남녀 어느 한쪽에 유리하다고 보는지를 물었다(표 1-4-1). 여자들은 30.2%가 '여성에게 불리하다'고 응답했다. 20대와 30세 이상 여자의 차이도 거의 없다(20대 여자 30.1%, 30세 이상 여자 30.2%). 30세 이상 남자도 '남성에게 불리하다'는 응답은 26.7%에 그친다. 자신이 속한 성별을 법이 불공정하게 취급한다는 믿음은 어느 세대·성별에서도 세 명 중 한 명을 넘지 않는다.

이번에도 20대 남자는 예외다. '남성에게 불리하다'는 응답이 절반을 넘는 53.6%다. 30세 이상 남자는 26.7%만 이렇게 생각한다. 법 집행이 남자에게 불공정하다는 인식이 20대 남자는 기성세대 남자보다 두 배 높다. 남녀 간 공정성 문제를 다룬 모든 문항 중에서, 법 집행에 대한 태도가 가장 극적으로 갈렸다. '20대 남자 현상'의 핵심은 남성이 차별받는다는 인식이고, 이 인식이 가장 두드러지게 확인되는 주제는 법의 집행 영역이었다. 초·중·고 교육 제도(표 1-4-2), 대학 입시 제도(표 1-4-3), 재산(표 1-4-4)과 소득 분배(표 1-4-5), 연애·결혼 시장 등 어느 영역에서든 20대 남자는 대체로 튀는 응답을 내놓는다. 하지만 그중에서도 '법 집행' 문항에서 튀는 정도가 유난히 컸다.

20대 남자는 연애·결혼 시장이건 국가정책이건 간에 게

[표 1-4-1] 남녀 간에 법의 집행은 공정한가

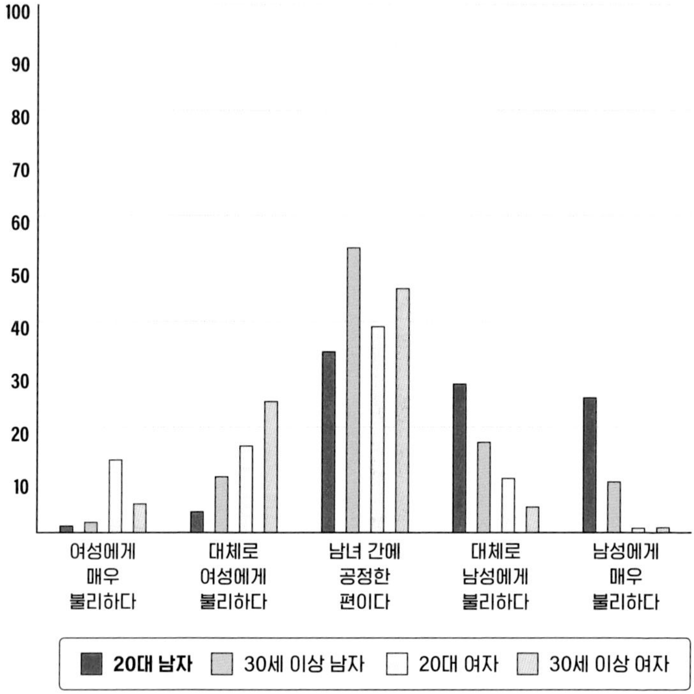


| | 여성에게 매우 불리하다 | 대체로 여성에게 불리하다 | 남녀 간에 공정한 편이다 | 대체로 남성에게 불리하다 | 남성에게 매우 불리하다 | 모르겠다 |
|---|---|---|---|---|---|---|
| **20대 남자** | **1.2** | **3.9** | **34.2** | **28.1** | **25.5** | **7.2** |
| 30세 이상 남자 | 1.9 | 10.5 | 53.9 | 17.1 | 9.6 | 7.0 |
| 20대 여자 | 13.7 | 16.4 | 39.0 | 10.2 | 0.8 | 19.9 |
| 30세 이상 여자 | 5.4 | 24.8 | 46.2 | 4.8 | 0.9 | 17.8 |

(단위: %)

[표 1-4-2] 남녀 간에 초·중·고 교육 제도는 공정한가

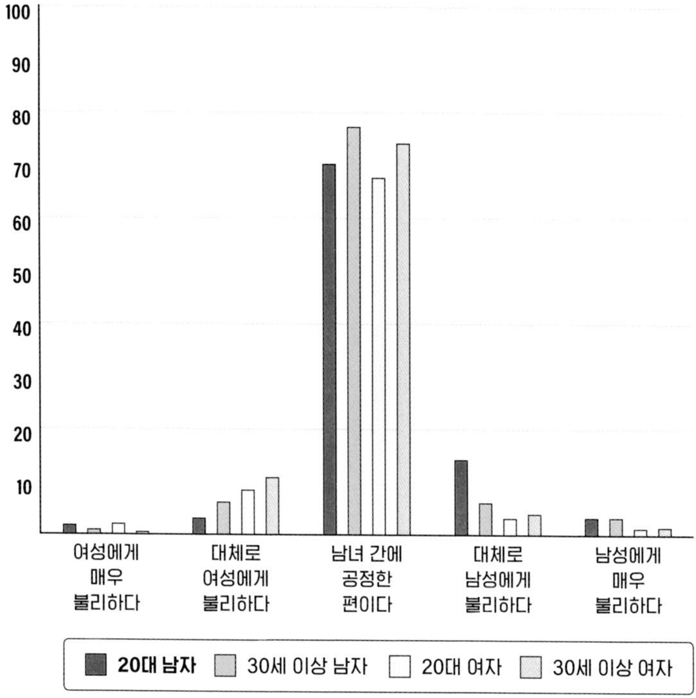


| | 여성에게 매우 불리하다 | 대체로 여성에게 불리하다 | 남녀 간에 공정한 편이다 | 대체로 남성에게 불리하다 | 남성에게 매우 불리하다 | 모르겠다 |
|---|---|---|---|---|---|---|
| **20대 남자** | **1.7** | **3.0** | **70.2** | **14.2** | **3.2** | **7.8** |
| 30세 이상 남자 | 0.8 | 6.1 | 77.2 | 6.0 | 3.2 | 6.7 |
| 20대 여자 | 1.9 | 8.4 | 67.6 | 3.1 | 1.2 | 17.8 |
| 30세 이상 여자 | 0.4 | 10.8 | 74.1 | 3.9 | 1.4 | 9.4 |

(단위: %)

[표 1-4-3] 남녀 간에 대학 입시 제도는 공정한가

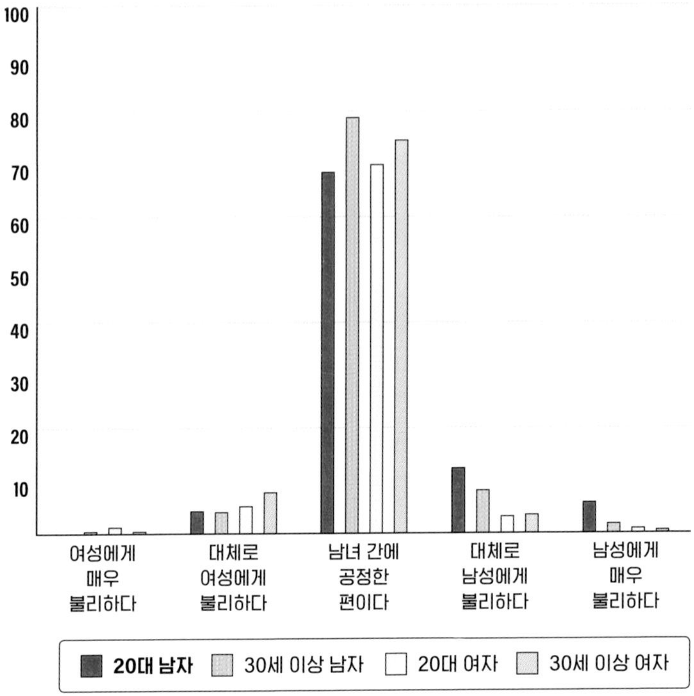


| | 여성에게 매우 불리하다 | 대체로 여성에게 불리하다 | 남녀 간에 공정한 편이다 | 대체로 남성에게 불리하다 | 남성에게 매우 불리하다 | 모르겠다 |
|---|---|---|---|---|---|---|
| **20대 남자** | **0.0** | **4.2** | **68.4** | **12.3** | **5.8** | **9.3** |
| 30세 이상 남자 | 0.4 | 4.0 | 78.7 | 8.1 | 1.7 | 7.1 |
| 20대 여자 | 1.2 | 5.1 | 69.8 | 3.1 | 0.8 | 20.1 |
| 30세 이상 여자 | 0.4 | 7.7 | 74.4 | 3.4 | 0.5 | 13.6 |

(단위: %)

[표 1-4-4] 남녀 간에 재산의 분배는 공정한가

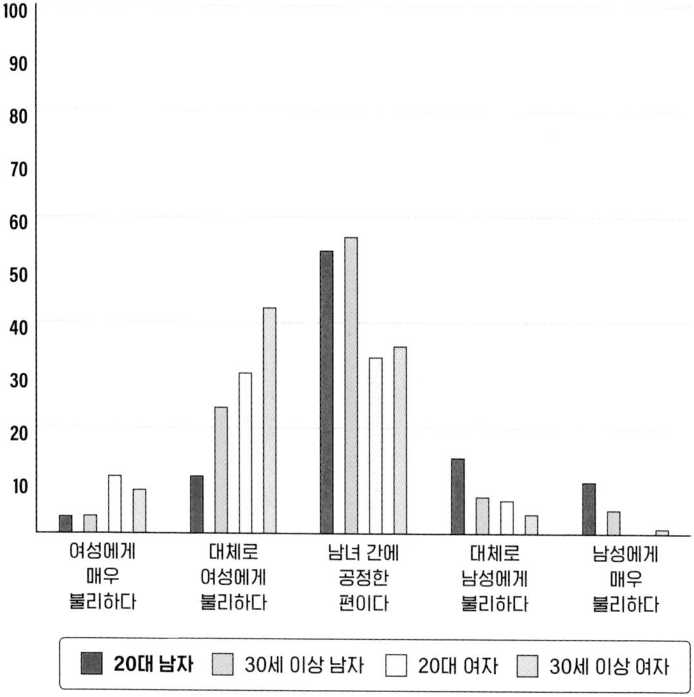


| | 여성에게 매우 불리하다 | 대체로 여성에게 불리하다 | 남녀 간에 공정한 편이다 | 대체로 남성에게 불리하다 | 남성에게 매우 불리하다 | 모르겠다 |
|---|---|---|---|---|---|---|
| **20대 남자** | **3.1** | **10.8** | **53.5** | **14.3** | **9.7** | **8.6** |
| 30세 이상 남자 | 3.2 | 23.8 | 56.1 | 6.9 | 4.4 | 5.8 |
| 20대 여자 | 10.8 | 30.3 | 33.3 | 6.2 | 0.0 | 19.4 |
| 30세 이상 여자 | 8.2 | 42.7 | 35.4 | 3.6 | 0.9 | 9.2 |

(단위: %)

[표 1-4-5] 남녀 간에 소득의 분배는 공정한가

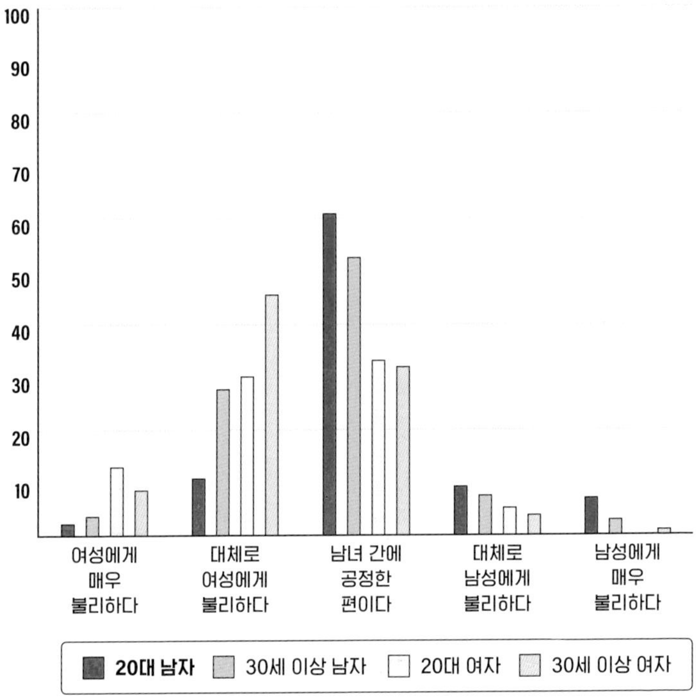


| | 여성에게 매우 불리하다 | 대체로 여성에게 불리하다 | 남녀 간에 공정한 편이다 | 대체로 남성에게 불리하다 | 남성에게 매우 불리하다 | 모르겠다 |
|---|---|---|---|---|---|---|
| **20대 남자** | **2.2** | **10.7** | **60.8** | **9.2** | **7.0** | **10.0** |
| 30세 이상 남자 | 3.6 | 27.6 | 52.5 | 7.4 | 2.8 | 6.1 |
| 20대 여자 | 12.9 | 30.0 | 33.0 | 5.1 | 0.0 | 19.0 |
| 30세 이상 여자 | 8.5 | 45.5 | 31.8 | 3.7 | 0.9 | 9.7 |

(단위: %)

임의 법칙이 불공정하다고 인식한다. 분노의 핵심은 남성 차별이고, 차별론의 핵심은 ('이기적인 여자들'이 아니라) '게임의 법칙이 왜곡되어 있다'는 인식이다. 정부의 양성 평등 정책은 게임의 법칙을 왜곡하는 원천이다. 그러므로 단호하게 반대한다. 정부의 양성 평등 정책을 '매우 잘못하고 있다'라고 응답한 비율은 20대 남자에서 54.2%로 단연 높다(표 1-5-1). 다음으로 높은 성별·세대는 30세 이상 남자로, 22.0%에 그친다.

숫자는 일관되게 하나의 방향을 가리킨다. 이것은 권력의 문제다. 20대 남자는 여성에게 화가 나 있다기보다는 권력 구조에 화가 나 있다. 우선 정치 권력에 화가 나 있지만 그게 전부는 아니다. 문재인 대통령이 국정 운영을 '못하고 있다'는 의견은 응답자 전체에서 48.8%인데, 20대 남자에서는 62.9%다(표 1-5-2). 정치 권력은 권력 구조의 한 갈래일 뿐이다.

20대 남성은 결혼 시장과 같은 사회문화적 권력 관계에서도 남자가 약자라고 느낀다(표 1-3-2). 법 집행은 정치 권력의 노선 문제이기도 하지만, 사회적 권력 관계를 반영하기도 한다. 페미니즘 물결 이후로 법 집행이 '남자에게 불공정하다'는 인식이 20대 남자에서 폭발했다. 이른바 '곰탕집 성추행 사건'*으로 대표되는 '남성 차별적 법 집행'에 대한 분노가 20대 남자들 사이에 쌓여가고 있다.

이렇게 해서 우리 시대에 진정으로 새로운 현상인 '남성 마이너리티' 자의식이 탄생했다. 기성세대에게 '역차별'이라

[표 1-5-1] 정부의 양성 평등 정책 평가

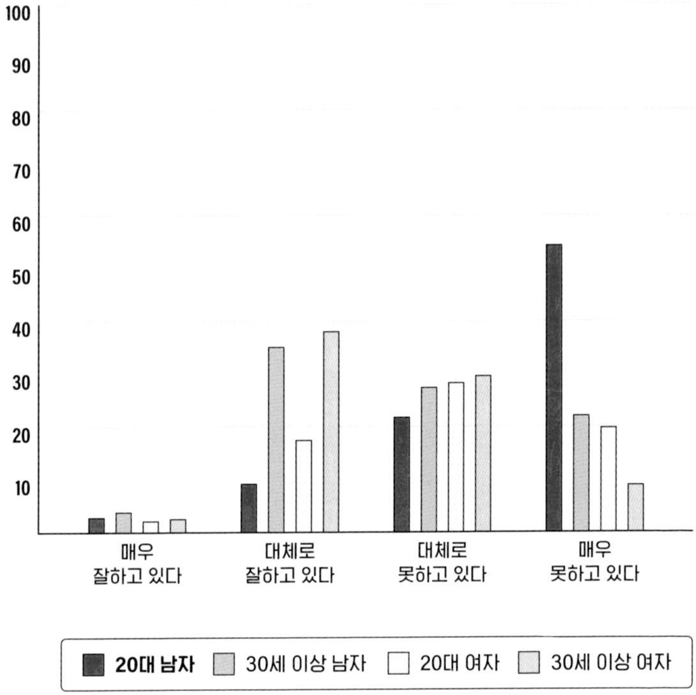


(단위: %)

| | 매우 잘하고 있다 | 대체로 잘하고 있다 | 대체로 못하고 있다 | 매우 못하고 있다 | 모르겠다 |
|---|---|---|---|---|---|
| 20대 남자 | 2.8 | 9.1 | 21.7 | 54.2 | 12.2 |
| 30세 이상 남자 | 3.8 | 35.0 | 27.3 | 22.0 | 11.8 |
| 20대 여자 | 2.1 | 17.4 | 28.2 | 19.7 | 32.5 |
| 30세 이상 여자 | 2.5 | 38.0 | 29.5 | 8.9 | 21.0 |

[표 1-5-2] 대통령 국정 운영 지지도

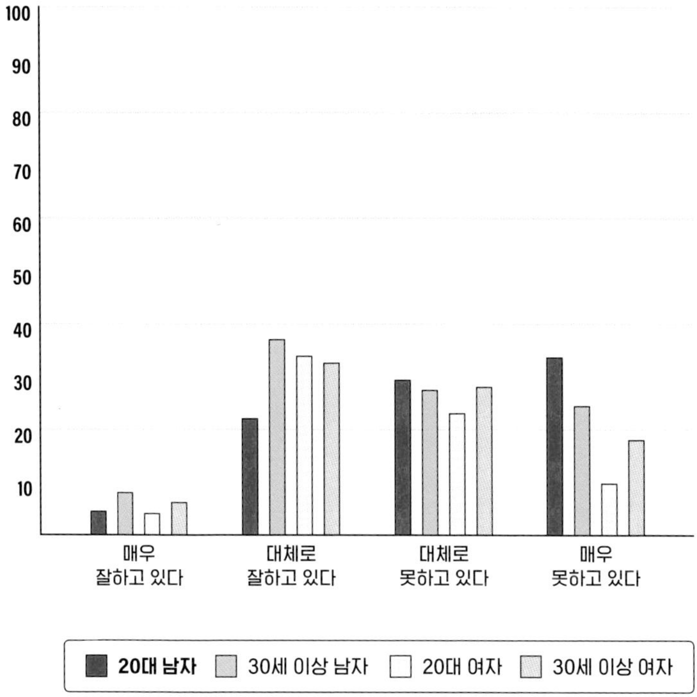


| | 매우 잘하고 있다 | 대체로 잘하고 있다 | 대체로 못하고 있다 | 매우 못하고 있다 | 모르겠다 |
|---|---|---|---|---|---|
| 20대 남자 | 4.4 | 22.0 | 29.3 | 33.6 | 10.7 |
| 30세 이상 남자 | 8.0 | 37.0 | 27.4 | 24.4 | 3.2 |
| 20대 여자 | 4.0 | 33.8 | 23.0 | 9.7 | 29.4 |
| 30세 이상 여자 | 6.1 | 32.5 | 28.0 | 18.0 | 15.4 |

(단위: %)

는 말은 남성 우위 사회에서 펼치는 여성 우대 정책이 과하다거나 선을 넘는다는 정도의 의미였다. 그러니 역차별이란 남성 우위의 권력 구조를 전제로 쓰는 말이었다. 이게 20대 남자의 인식 세계로 오면 근본적으로 뒤집힌다. 남성은 약자다. 재능과 능력의 문제가 아니라(20대 남자는 업무 능력이나 사회생활에서 남성이 더 유능하다고 응답했다. 표 1-6-1, 표 1-6-2), 권력의 문제다. 그러니 지금 벌어지는 현상은 역차별이 아니다. 그냥 차별이다.

### 20대 남자들의 주적으로 떠오른 페미니즘

권력의 문제이므로 권력 게임의 상대, 즉 '주적'이 있을 것이다. 유력한 후보가 있다. '페미니즘'이다. '페미니즘은 남녀의 동등한 지위와 기회 부여를 이루려는 운동이다'라는, 단어의 사전적 정의에 대체로 부합하는 문장을 제시하고 찬반 의견을 물어봤다(표 1-7-1). 모든 세대·성별에서 동의 의견이 절반을 넘겼는데, 20대 남자는 정확히 반대로 움직였다. '동의하지

* (편집자 주) 2017년 11월 26일 대전의 한 곰탕집에서 남성이 여성의 엉덩이를 움켜쥐었다는 시비가 발생했다. 강제 추행 혐의로 기소된 피고인은 2018년 9월 1심에서 징역 6개월에 성폭력 치료 강의 수강 40시간, 3년간 아동·청소년 관련 기관 취업 제한 명령을 선고받고 법정구속되었다. 2019년 4월 26일 열린 2심에서 재판부는 피고인에게 징역 6개월에 집행유예 2년을 선고하면서 성폭력 치료 강의 수강 40시간과 사회봉사 160시간, 3년간 취업 제한을 명령했다. 2심 재판부는 판결문에서 "현장의 CCTV 영상을 보면 피해자의 진술에 부합한다. 피해자가 피고인을 무고하거나 허위 진술할 만한 동기나 이유를 찾기 어려우며, 구체적이고 일관되게 진술했다"라고 밝혔다. 일부 남성들은 '물증 없이 여성의 증언만으로 징역형을 선고한다'며 법원의 판결이 부당하다고 주장했다.

[표 1-6-1] 남녀 간 취업 후 업무 능력 차이

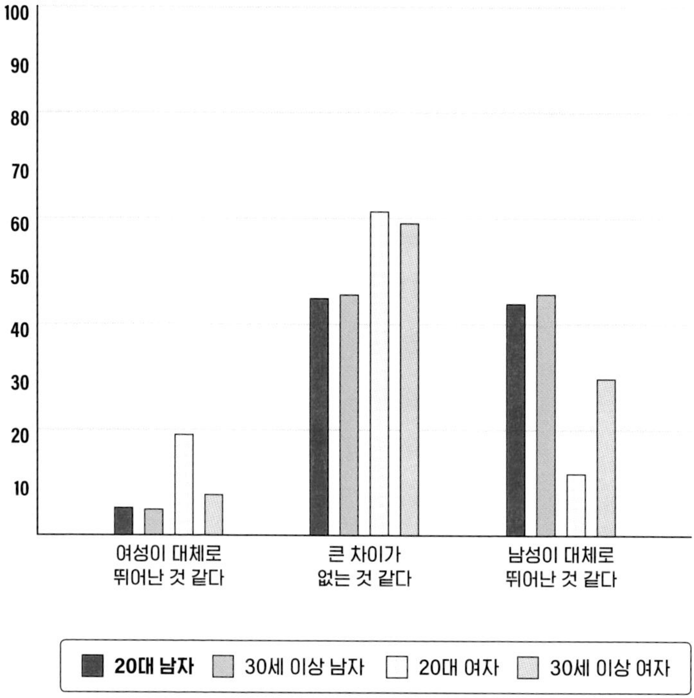


(단위: %)

| | 여성이 대체로 뛰어난 것 같다 | 큰 차이가 없는 것 같다 | 남성이 대체로 뛰어난 것 같다 | 모르겠다 |
|---|---|---|---|---|
| 20대 남자 | 5.1 | 44.8 | 43.8 | 6.3 |
| 30세 이상 남자 | 4.8 | 45.5 | 45.6 | 4.1 |
| 20대 여자 | 19.0 | 61.2 | 11.6 | 8.2 |
| 30세 이상 여자 | 7.6 | 59.0 | 29.6 | 3.9 |

[표 1-6-2] 남녀 간 사회생활 능력 차이

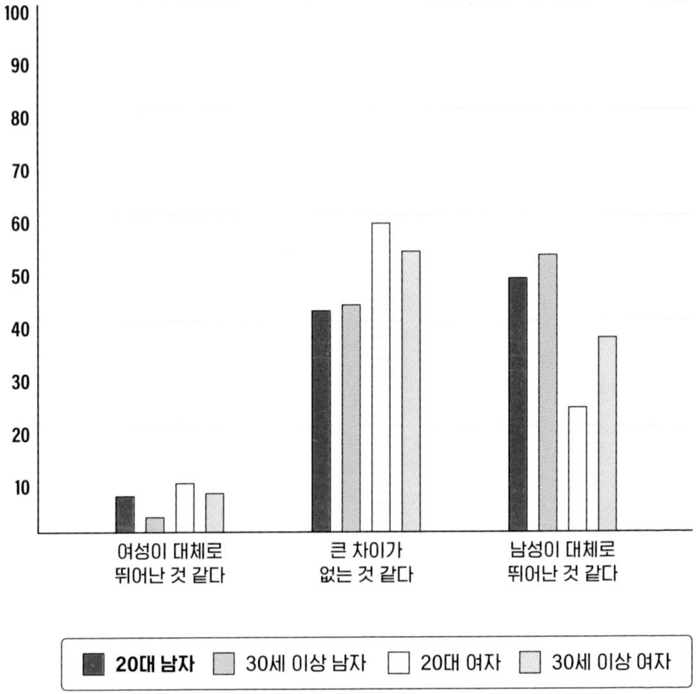


| | 여성이 대체로 뛰어난 것 같다 | 큰 차이가 없는 것 같다 | 남성이 대체로 뛰어난 것 같다 | 모르겠다 |
|---|---|---|---|---|
| **20대 남자** | **6.8** | **41.9** | **48.0** | **3.3** |
| 30세 이상 남자 | 2.8 | 43.0 | 52.4 | 1.8 |
| 20대 여자 | 9.2 | 58.4 | 23.5 | 8.9 |
| 30세 이상 여자 | 7.3 | 53.1 | 36.8 | 2.7 |

(단위: %)

않는다'가 62.3%에 달했다. 그중에서도 '전혀 동의하지 않는다'라는 강한 거부가 44.5%였다.

20대 남성에게 페미니즘은 무엇보다 권력의 문제였다. 이들에게 페미니즘이란 남성을 권력의 약자로 만드는 기획이다. '페미니즘은 남녀 평등보다 여성우월주의를 주장한다'라는 문장을 제시하고 찬반 의견을 물었더니 20대 남자는 78.9%가 동의했다(표 1-7-2). 30세 이상 남자(57.1%)보다 20%포인트 이상 높다. 페미니즘이 여성우월주의 기획이라는 것은, 페미니즘이 남성 차별이라는 '새로운 현실'을 만들어낸 주역이라는 의미다.

다음 문항의 응답은 더 극적이다. '페미니즘은 한국 여성의 지위 향상에 기여해왔다'라는 문장을 제시하고 찬반 의견을 물었다. 이것은 페미니즘에 대한 찬반이나 호불호를 묻는 질문이 아니다. 페미니즘이 끼친 영향력을 평가해달라는 질문이다. 그러므로 페미니즘이 남성 차별이라는 새로운 현실을 만들어낸 힘이라고 믿는 20대 남자는 이 문장에 가장 많이 동의할 것이라고 예측할 수 있다.

### 페미니즘을 향한 일관되고 단호한 적대감

틀렸다. 20대 남자는 이 문장에 가장 많이 반대한다. 64.8%가 '동의하지 않는다'고 응답했고, '전혀 동의하지 않는다'는 강한 응답도 41.6%로 단연 많다(표 1-7-3). 이 숫자는 보기보다

[표 1-7-1] 페미니즘은 남녀의 동등한 지위와 기회 부여를 이루려는 운동이다

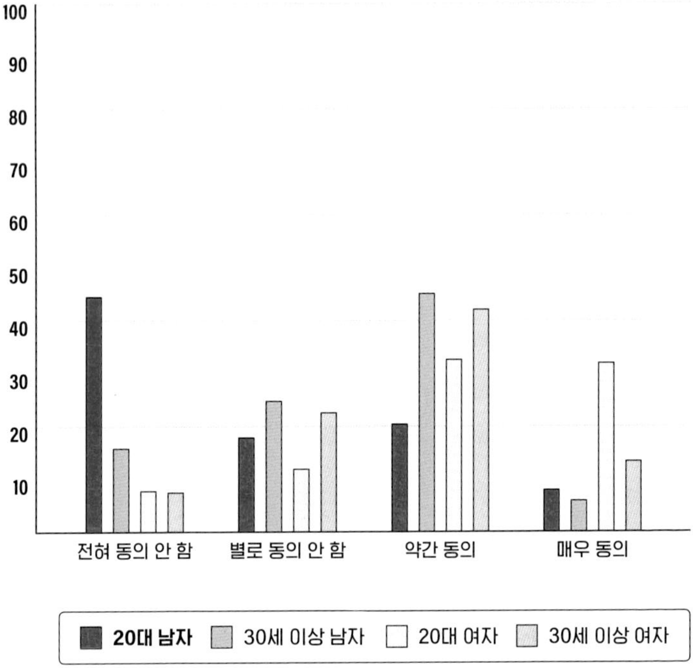


(단위: %)

| | 전혀 동의 안 함 | 별로 동의 안 함 | 약간 동의 | 매우 동의 | 모르겠다 |
|---|---|---|---|---|---|
| **20대 남자** | **44.5** | **17.8** | **20.3** | **7.8** | **9.7** |
| 30세 이상 남자 | 15.8 | 24.7 | 45.0 | 5.8 | 8.7 |
| 20대 여자 | 7.7 | 11.8 | 32.5 | 31.8 | 16.3 |
| 30세 이상 여자 | 7.4 | 22.5 | 42.0 | 13.3 | 14.8 |

[표 1-7-2] 페미니즘은 남녀 평등보다 여성우월주의를 주장한다

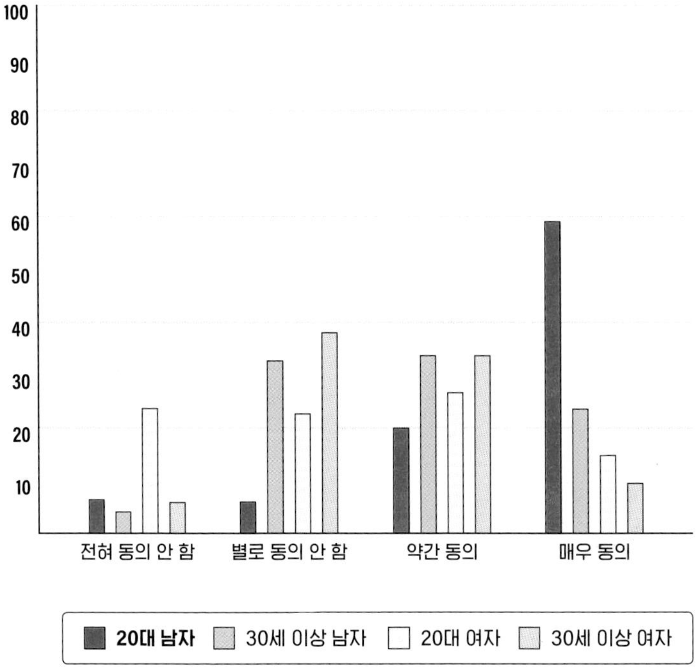


(단위: %)

| | 전혀 동의 안 함 | 별로 동의 안 함 | 약간 동의 | 매우 동의 | 모르겠다 |
|---|---|---|---|---|---|
| **20대 남자** | **6.3** | **5.9** | **19.9** | **59.0** | **8.9** |
| 30세 이상 남자 | 4.0 | 32.6 | 33.6 | 23.5 | 6.2 |
| 20대 여자 | 23.6 | 22.6 | 26.6 | 14.7 | 12.6 |
| 30세 이상 여자 | 5.8 | 38.0 | 33.6 | 9.4 | 13.2 |

[표 1-7-3]　페미니즘은 한국 여성의 지위 향상에 기여해왔다

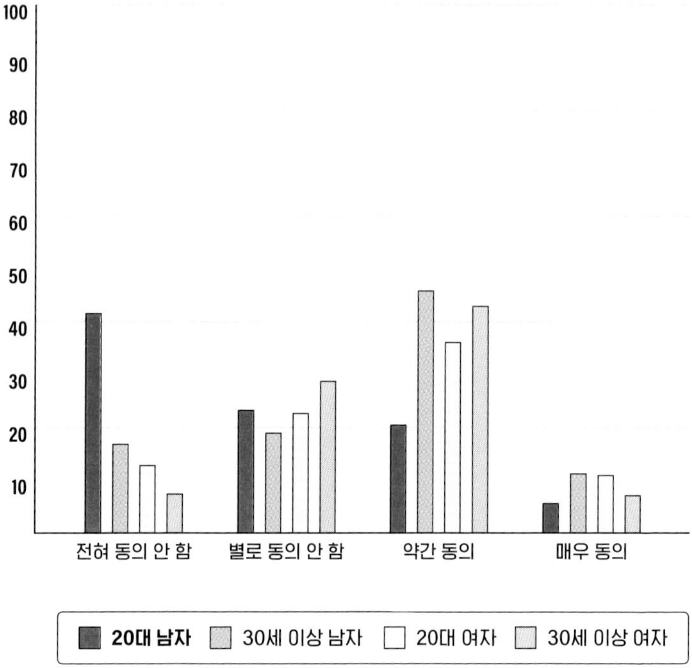


| | 전혀 동의 안 함 | 별로 동의 안 함 | 약간 동의 | 매우 동의 | 모르겠다 |
|---|---|---|---|---|---|
| **20대 남자** | **41.6** | **23.2** | **20.4** | **5.5** | **9.3** |
| 30세 이상 남자 | 16.8 | 18.9 | 45.8 | 11.2 | 7.2 |
| 20대 여자 | 12.7 | 22.6 | 36.0 | 10.9 | 17.7 |
| 30세 이상 여자 | 7.3 | 28.7 | 42.9 | 7.0 | 14.1 |

(단위: %)

[표 1-7-4] 페미니즘이나 페미니스트에 거부감이 들 때가 있다

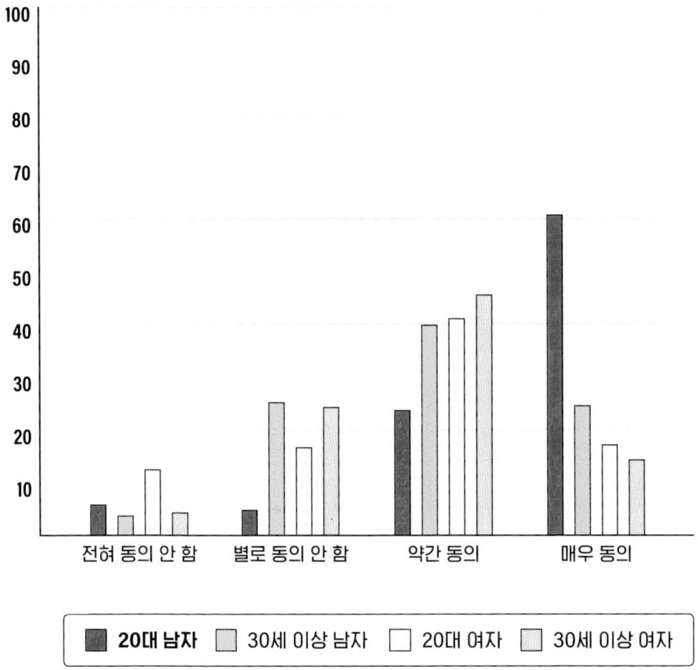


(단위: %)

| | 전혀 동의 안 함 | 별로 동의 안 함 | 약간 동의 | 매우 동의 | 모르겠다 |
|---|---|---|---|---|---|
| **20대 남자** | **5.7** | **4.7** | **23.6** | **60.6** | **5.4** |
| 30세 이상 남자 | 3.6 | 25.1 | 39.7 | 24.5 | 7.1 |
| 20대 여자 | 12.4 | 16.6 | 41.0 | 17.1 | 12.9 |
| 30세 이상 여자 | 4.2 | 24.2 | 45.5 | 14.2 | 11.9 |

[표 1-7-5] 페미니즘은 여성을 피해자로만 생각한다

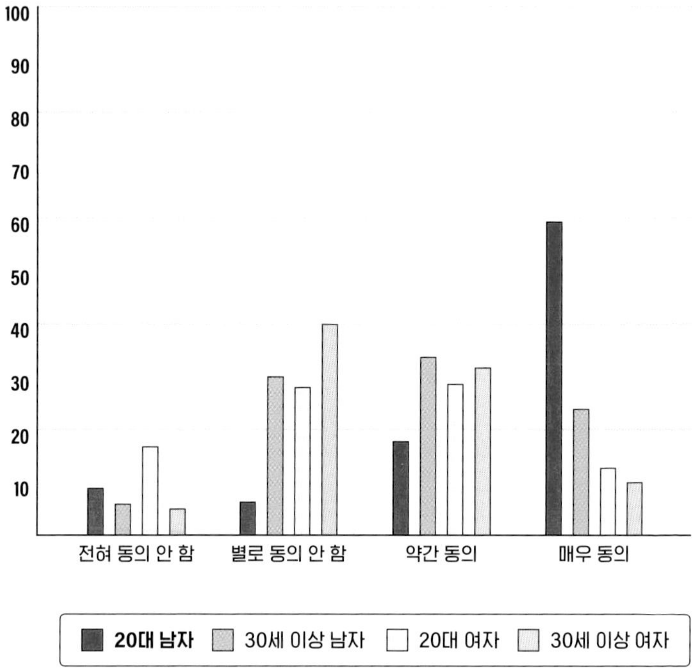


| | 전혀 동의 안 함 | 별로 동의 안 함 | 약간 동의 | 매우 동의 | 모르겠다 |
|---|---|---|---|---|---|
| 20대 남자 | 8.8 | 6.2 | 17.7 | 59.2 | 8.0 |
| 30세 이상 남자 | 5.8 | 29.9 | 33.6 | 23.8 | 6.9 |
| 20대 여자 | 16.7 | 27.9 | 28.5 | 12.7 | 14.2 |
| 30세 이상 여자 | 4.9 | 39.8 | 31.6 | 9.9 | 13.8 |

(단위: %)

[표 1-7-6] 나는 스스로 페미니스트라고 생각한다

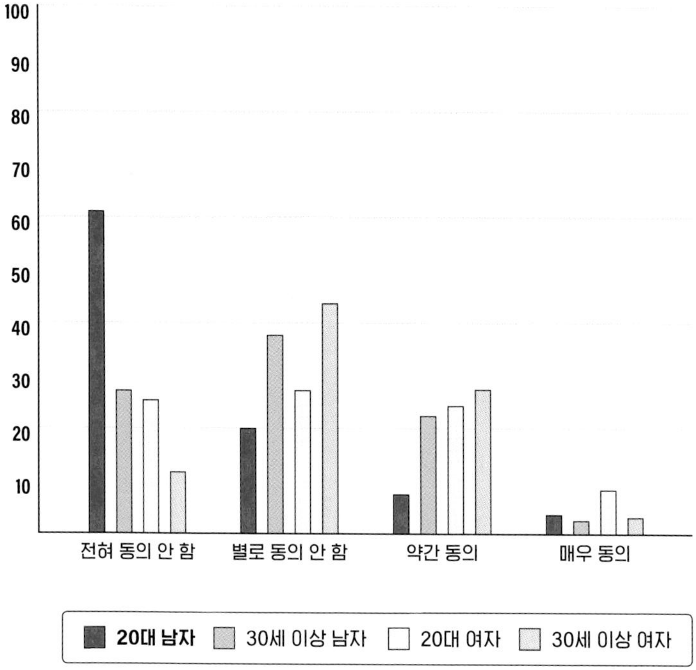


| | 전혀 동의 안 함 | 별로 동의 안 함 | 약간 동의 | 매우 동의 | 모르겠다 |
|---|---|---|---|---|---|
| **20대 남자** | **61.0** | **19.9** | **7.4** | **3.6** | **8.1** |
| 30세 이상 남자 | 27.0 | 37.6 | 22.3 | 2.5 | 10.5 |
| 20대 여자 | 25.2 | 27.1 | 24.2 | 8.3 | 15.2 |
| 30세 이상 여자 | 11.6 | 43.6 | 27.3 | 3.1 | 14.4 |

(단위: %)

더 묘하다. 페미니즘을 싫어하기로 치면 30세 이상 남자도 크게 뒤지지 않는다('페미니즘이나 페미니스트에 거부감이 들 때가 있다'라는 문장에 20대 남자 84.2%, 30세 이상 남자는 64.2%가 동의했다. 표 1-7-4). 그런데 30세 이상 남자는 페미니즘이 여성의 지위를 향상시켰다는 데 57.0%가 동의한다.

20대 남자는 페미니즘을, 그 어떤 긍정적인 표현(여성 지위 향상)과도 연결시키지 않겠다고 단호하게 결심한 것처럼 보인다. 분석을 총괄한 한국리서치 정한울 전문위원은 이렇게 말했다. "반페미니즘이랄까… 그런 인식이 강력하게 내재화되어서, 어떤 질문을 받더라도 그걸 기준으로 일관되게 답하는 집단이 20대 남자에서 두드러져 보인다. 20대 남자의 응답이 튀는 젠더 관련 문항 거의 대부분은 이 집단이 차이를 만들어내는 것 같다. 젠더 관련 문항 대부분은 바로 이 '일관되게 답하는 집단'이 20대 남자의 응답을 눈에 띄게 두드러지게 만든 것으로 보인다." 이 집단에서 젠더 문제는 거의 자동 스위치처럼 작동한다. 이를테면 20대 남자는 '주위에 임신부가 보이지 않아도 임신부 전용 좌석은 비워둬야 한다'라는 문장에 반대하는 비율도 가장 높다(전체 38.2%, 20대 남자 47.4%, 표 1-8-1).

20대 남자 중 일부는 '마이너리티 정체성'이 형성된 단계까지 나아간 징후가 있다. 정체성이 형성되었다는 것은 이 집단이 앞으로도 한동안 일관성, 예측 가능성, 연대 의식과 여

[표 1-8-1] 주위에 임신부가 보이지 않아도 임신부 전용 좌석은 비워둬야 한다

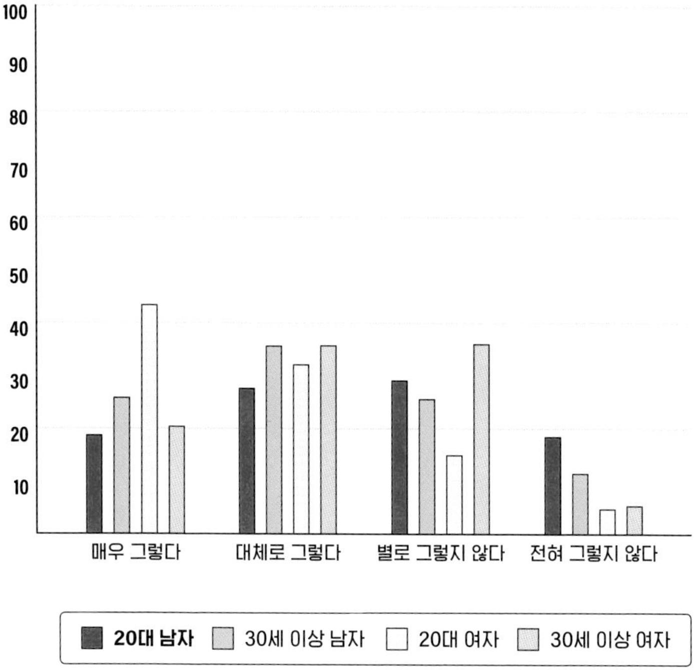


(단위: %)

| | 매우 그렇다 | 대체로 그렇다 | 별로 그렇지 않다 | 전혀 그렇지 않다 | 모르겠다 |
|---|---|---|---|---|---|
| **20대 남자** | **18.6** | **27.5** | **29.0** | **18.4** | **6.5** |
| 30세 이상 남자 | 25.7 | 35.5 | 25.5 | 11.4 | 1.9 |
| 20대 여자 | 43.3 | 32.0 | 14.9 | 4.7 | 5.1 |
| 30세 이상 여자 | 20.3 | 35.6 | 35.9 | 5.3 | 2.9 |

[표 1-8-2] 지하철에 장애인용 공간을 대폭 확대해야 한다

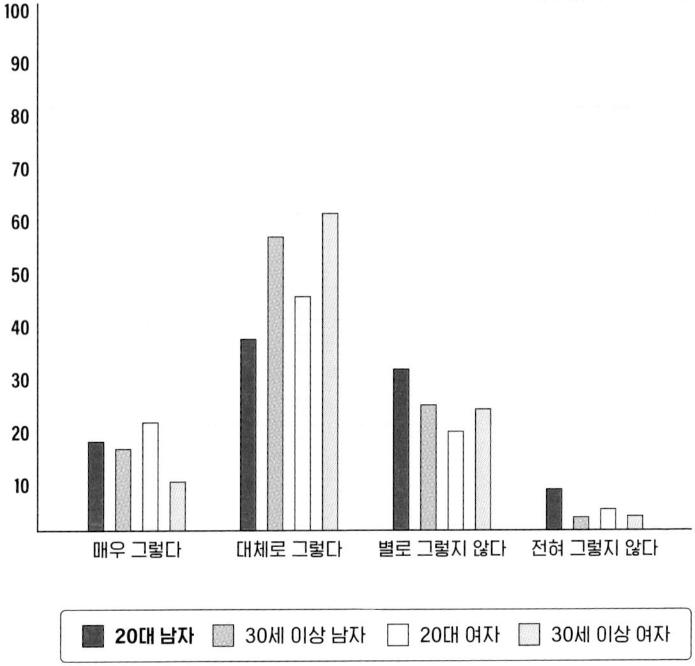


(단위: %)

| | 매우 그렇다 | 대체로 그렇다 | 별로 그렇지 않다 | 전혀 그렇지 않다 | 모르겠다 |
|---|---|---|---|---|---|
| 20대 남자 | 16.9 | 36.2 | 30.5 | 7.7 | 8.7 |
| 30세 이상 남자 | 15.5 | 55.6 | 23.7 | 2.4 | 2.8 |
| 20대 여자 | 20.5 | 44.3 | 18.7 | 3.9 | 12.6 |
| 30세 이상 여자 | 9.2 | 60.0 | 22.9 | 2.6 | 5.3 |

론 주도력을 보여줄 것이라는 의미다. 이슈에 따라가는 여론 반응은 일시적일 수 있지만 정체성은 장기 지속한다. 이번 조사가 포착한 20대 남자 현상의 가장 두드러진 특징은 바로 이 '남성 마이너리티 정체성'이다.

### 정치적 보수화의 징후는 없다

이런 정체성 집단은 몇 가지 논리적 난점을 노출한다. 승진·승급 기회에서 성차별 문제가 있는지는 20대의 경험이 기성세대보다 경험이 아무래도 부족하다. 하지만 20대 남자는 승진·승급 기회가 여성에게 불리하지 않다는 믿음이 두드러지게 강하다. 승진·승급 기회가 남성에게 불리하다는, 한국 노동 시장 현실에서 좀처럼 지지받기 어려운 인식도 16.8%나 된다(표 1-2-2). 남성 마이너리티 정체성 집단의 크기를 대략 짐작해볼 수 있는 숫자다. 비슷한 사례를 하나만 더 보자. 한국의 결혼 문화가 여성에게 유리하다는 데 20대 남자의 66.3%가 동의했다(30세 이상 남자는 48.1%가 여기에 동의했다. 이 둘의 격차는 18.2%포인트다. 표 1-3-5). 그런데 20대 남자 응답자 중 결혼 경험자(기혼·사별·이혼 합산)는 4.3%다.

이번 조사는 20대 남자 현상을 설명하는 다른 대안 몇몇을 기각했다. 20대 남자가 정치적으로 보수화되었다거나, 유난히 여성 혐오 성향이 폭넓게 퍼졌다거나, 공정성에 대한 애착이 커서 작은 손해에도 민감하기 때문이라는 등의 설명이

[표 1-9-1] 복지 대 성장에 대한 태도

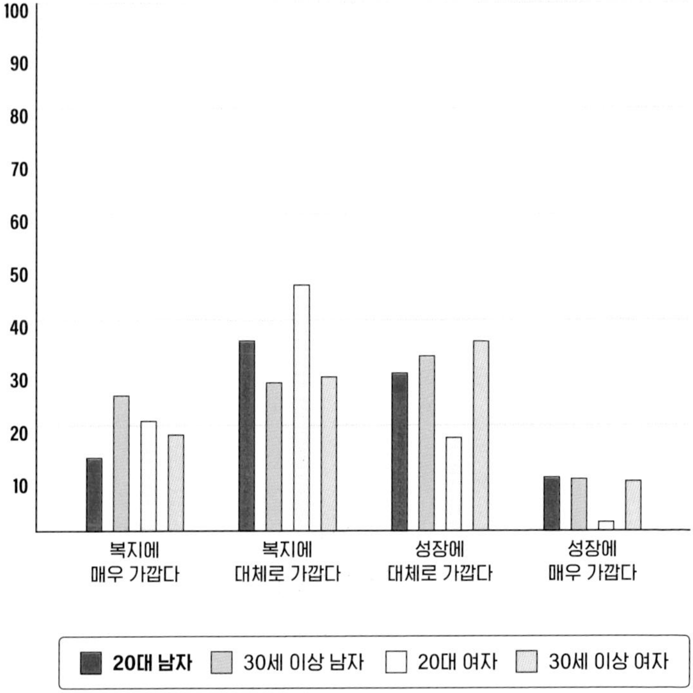


| | 복지에 매우 가깝다 | 복지에 대체로 가깝다 | 성장에 대체로 가깝다 | 성장에 매우 가깝다 | 모르겠다 |
|---|---|---|---|---|---|
| **20대 남자** | **13.8** | **35.9** | **29.8** | **10.1** | **10.5** |
| 30세 이상 남자 | 25.6 | 28.0 | 33.0 | 9.8 | 3.6 |
| 20대 여자 | 20.8 | 46.5 | 17.6 | 1.6 | 13.5 |
| 30세 이상 여자 | 18.2 | 29.1 | 35.8 | 9.4 | 7.5 |

(단위: %)

[표 1-9-2] 시장 개방 대 보호에 대한 태도

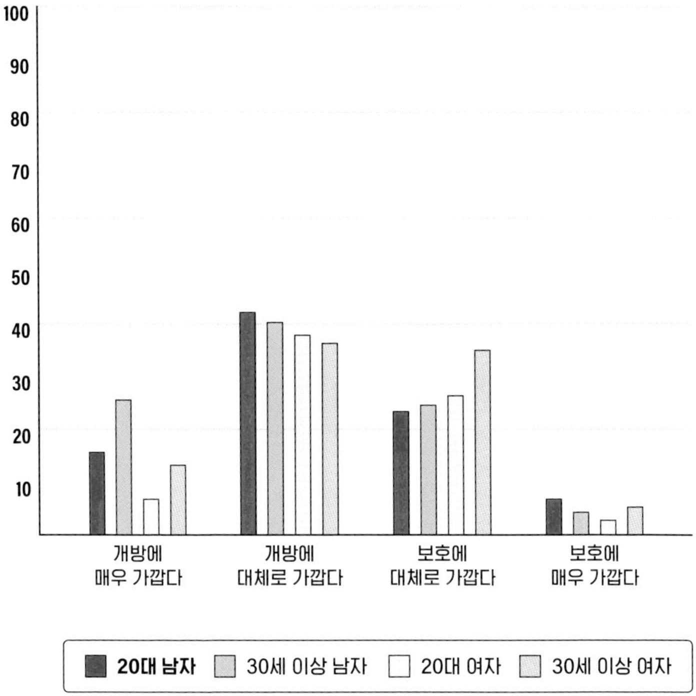


(단위: %)

| | 개방에 매우 가깝다 | 개방에 대체로 가깝다 | 보호에 대체로 가깝다 | 보호에 매우 가깝다 | 모르겠다 |
|---|---|---|---|---|---|
| **20대 남자** | **15.6** | **42.1** | **23.3** | **6.7** | **12.2** |
| 30세 이상 남자 | 25.5 | 40.2 | 24.5 | 4.2 | 5.5 |
| 20대 여자 | 6.7 | 37.8 | 26.3 | 2.7 | 26.5 |
| 30세 이상 여자 | 13.2 | 36.2 | 34.9 | 5.2 | 10.5 |

제기된 바 있다. 이번 조사에서 이런 태도가 20대 남자의 유난스러운 특징이라는 증거는 발견되지 않았다. 시장 개방에 대한 태도(표 1-9-2), 박근혜 전 대통령 탄핵에 대한 태도(표 1-9-3), 복지국가에 대한 태도(표 1-9-1) 등 정치 성향을 보여주는 여러 질문에서 20대 남자는 정치적 보수화의 징후를 보여주지 않았다.

### 젠더와 권력이 만날 때

20대 남자들이 연애·결혼 시장에서 여성의 태도를 평가하는 관점은 기성세대 남성과 차이가 없다. 공정을 중시하는 것은 20대 남자 특유의 정서가 아니다. 이 정서는 전 세대·성별이 공유하고 있다. 20대 남자 여론이 유일하게 일관되고 뚜렷하게 차이를 보이는 분야는 '젠더와 권력이 만나는' 영역이었다. 20대 남자 현상의 특징은 젠더도 권력도 아니다. 둘의 결합이다. 둘 중 하나만 사라져도, 여론 지형에서 20대 남자의 특수성이 따라서 사라진다.

이제 우리는 겨우 반환점을 돌았다. 남성 마이너리티 정체성이 문제의 답은 아니다. 이것이야말로 문제 그 자체다. 기성세대에서 찾아볼 수 없는 이런 독특한 정체성이 어떻게 성립할 수 있었는지 설명해야 한다. 남성이 실제로 약자가 되었기 때문인가 아니면 그저 허위의식인가? 만약 남성이 실제로 약자가 되었다면, 그것은 재능과 노력에서 여성에게 뒤졌기

[표 1-9-3] 박근혜 전 대통령 탄핵에 대한 태도

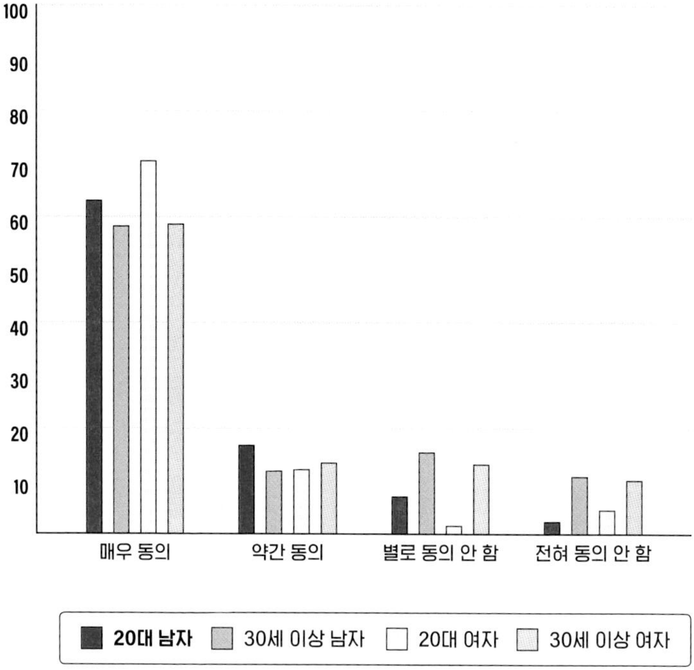


(단위: %)

| | 매우 동의 | 약간 동의 | 별로 동의 안 함 | 전혀 동의 안 함 | 모르겠다 |
|---|---|---|---|---|---|
| **20대 남자** | **63.0** | **16.7** | **7.0** | **2.3** | **11.0** |
| 30세 이상 남자 | 58.1 | 11.8 | 15.4 | 10.8 | 3.9 |
| 20대 여자 | 70.5 | 12.1 | 1.5 | 4.5 | 11.3 |
| 30세 이상 여자 | 58.5 | 13.4 | 13.1 | 10.1 | 4.8 |

때문인가 아니면 부당한 권력이 작동해서인가? 만약 허위의식에 더 가깝다면, 그런 허위의식은 왜, 어떤 경로로 이토록 공고하게 형성되었나? 젠더 권력 문제를 넘어서는 이 문제의 기원이 존재할까?

이런 질문들에 답하는 가설도 그동안 여럿 제시되었다. 우리는 같은 방법을 쓰기로 했다. 그냥 전부 물어봤다. 다음 장에서 그 결과를 검토한다.

# 2장 반페미니즘 전사들의 탄생

천관율

1장 '20대 남자, 그들은 누구인가'에서는 '20대 남자 현상'의 실체를 파헤쳤다. 208개 문항에 이르는 광범위한 조사를 한 결과, 우리는 '권력이 남성을 차별한다는 인식'이 현상의 핵심이라고 지목했다. 20대 남자의 인식 세계에서 남성은 약자다. 능력은 남자가 뛰어나지만 권력이 남성을 차별하기 때문이라는 것이다. 이것은 남성 우위 사회에서 여성 우대 정책을 '역차별'로 인식하던 윗세대 남자들과도 결이 다르다. 남성이 약자라는 인식, 남성이 마이너리티라는 정체성이 등장했다. 그래서 역차별이 아니라 그냥 차별이다. 젠더와 권력이 만나는 지점이 핵심이다. 둘 중 하나만 사라져도, 20대 남성 여론의 특수성이 따라서 사라진다.

## 유난히 튀는 20%포인트 집단을 찾아서

남성 마이너리티 정체성은 문제의 답이 아니다. 이것이야말로 문제 그 자체다. 기성세대에서 찾아볼 수 없는 독특한 정체성을 설명해야 한다, 지난 장에서 가장 핵심적인 내용을 담은 그래프를 다시 보자(표 1-1-2). '남성 차별 문제가 매우 심각하다'고 생각하는 20대 남자는 30.5%다. 30세 이상 남자로 가면 이 응답은 8.2%에 그친다. 22.3%포인트 차이가 난다.

이 숫자는 보기보다 더 의미심장하다. 젠더와 권력이 만나는, 남성 마이너리티 정체성이 드러나는 거의 모든 문항에서 20대 남자의 응답은 30세 이상 남자의 응답과 20%포인트 정도 차이가 난다. 문항이 무엇이든 '젠더와 권력' 문제라면 이 폭이 거의 일정하게 유지된다. 이것은 젠더·권력 문제에 일관되게 격하게 반응하는 '공고한 정체성 집단'이 형성되었을 가능성을 시사한다. 그리고 그 집단의 크기는 20대 남자가 30세 이상 남자보다 20%포인트 정도 더 크다고 예상할 수 있다.

사실일까. 데이터로 검증해보았다. 우리가 던진 질문 208개 중 페미니즘에 대한 태도를 직접 물어본 질문은 여섯 개다. 앞장에서 분석한 것처럼 페미니즘은 남성을 약자로 만든 권력 게임의 상대, 그러니까 '주적'이다. 그러므로 페미니즘에 대한 질문은 '주적'에 대한 태도를 측정한다. 질문 여섯 개는 다음과 같다. 우리는 이 질문의 답변을 '매우 동의' '약간 동의' '모르겠다' '별로 동의 안 함' '전혀 동의 안 함'의 5단계 척도로 받았으며, 이것으로 '페미니즘 찬반 지수'를 계산했다(표 2-1-1).

그 결과가 표 2-2-1이다. 여자는 페미니즘 찬반 지수에

[표 2-1-1]　페미니즘 찬반 지수

| | | 전혀 동의 안 함 | 별로 동의 안 함 | 모르겠다 | 약간 동의 | 매우 동의 |
|---|---|---|---|---|---|---|
| 1 | 나는 스스로 페미니스트라고 생각한다 | | | | | |
| 2 | 페미니즘은 남녀의 동등한 지위와 기회 부여를 이루려는 운동이다 | | | | | |
| 3 | 페미니즘은 한국 여성의 지위 향상에 기여해왔다 | | | | | |
| 4 | 페미니즘은 여성을 피해자로만 생각한다 | | | | | |
| 5 | 페미니즘은 남녀 평등보다 여성우월주의를 주장한다 | | | | | |
| 6 | 페미니즘이나 페미니스트에 거부감이 들 때가 있다 | | | | | |

❶ 1~3번 문항에 찬성·긍정하면 +2점(강한 찬성), +1점(약한 찬성)으로, 반대·부정하면 -2점(강한 반대), -1점(약한 반대)으로 계산한다.

❷ 4~6번 문항에 찬성·긍정하면 -2점(강한 반대), -1점(약한 반대)으로, 반대·부정하면 +2점(강한 찬성), -1점(약한 찬성)으로 계산한다.

❸ 여섯 문항의 결과 값을 더한다. -12점부터 +12점까지 결과가 분포한다.

[표 2-2-1]　성별·세대별 페미니즘 찬반 지수

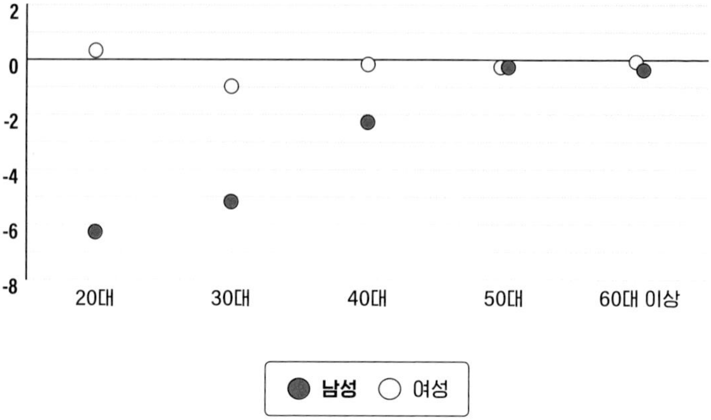


| | 20대 | 30대 | 40대 | 50대 | 60대 이상 |
|---|---|---|---|---|---|
| **남성** | **-6.3** | **-5.2** | **-2.3** | **-0.3** | **-0.4** |
| 여성 | 0.3 | -1.0 | -0.2 | -0.3 | -0.1 |

세대 간 차이가 거의 없고, 모든 세대가 '중립'인 0점 주위에 몰려 있다. 그런데 남자는 확연한 세대 차이를 보여준다. 어릴수록 마이너스 값이 크다. 즉, 어릴수록 페미니즘 반대 성향이 커진다. 20대 남자는 평균 -6.3점이다. 페미니즘 찬반의 성차는 기성세대로 갈수록 사라져서, 50대 이상은 남녀 간 차이가 나타나지 않는다.

우리의 관심사는 '공고한 정체성 집단'을 찾아내는 것이었다. 만약 페미니즘에 대한 강한 반대가 정체성으로까지 형성되었다면, 그 응답자는 문항이 무엇을 묻든 간에 일관되게 '강한 반대'를 표했으리라 예측할 수 있다. 예를 들어 '페미니즘은 남녀의 동등한 지위와 기회 부여를 이루려는 운동이다'라는 문항은 페미니즘의 사전적인 정의를 거의 그대로 쓴 것이다. 정체성 집단은 여기에도 '강한 반대'를 표할 것이라고 예측할 수 있다. 실제로 이 문항에 '강한 반대'를 표한 20대 남자는 44.5%다. 30세 이상 남자는 15.8%다(표 1-7-1).

### 예상을 뛰어넘은 수치, 25.9%

우리는 여섯 개 문항 모두에 '강한 반대'를 표한 응답자, 즉 페미니즘 찬반 지수가 -12점인 응답자를 확인해보았다. 이것은 매우 높은 기준이다. 특정 주제에 강한 확신을 가진 응답자라도 모든 문항에 일관되게 강한 의견을 내는 경우는 흔치 않다. 여론조사에서는 대부분 온건한 응답이 비율상 가장 많이 나오

[표 2-2-2] 페미니즘에 대한 태도(전체 응답자 평균)

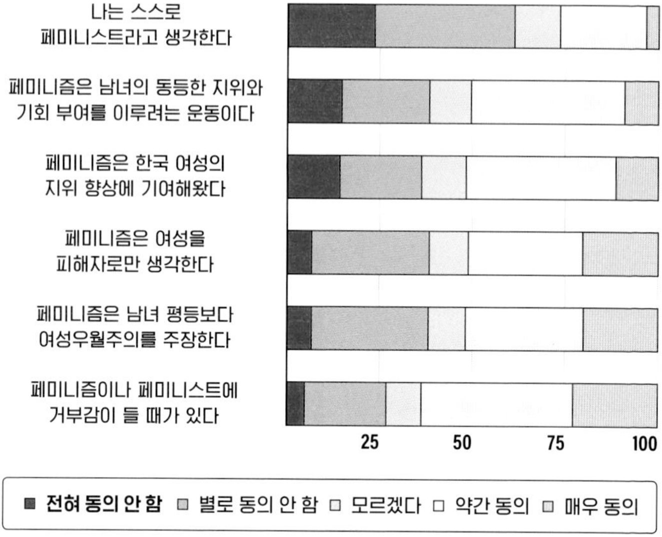


| | 전혀 동의 안 함 | 별로 동의 안 함 | 모르겠다 | 약간 동의 | 매우 동의 |
|---|---|---|---|---|---|
| 나는 스스로 페미니스트라고 생각한다 | 23.5 | 37.7 | 12.3 | 23.2 | 3.3 |
| 페미니즘은 남녀의 동등한 지위와 기회 부여를 이루려는 운동이다 | 14.7 | 23.7 | 11.2 | 41.5 | 8.9 |
| 페미니즘은 한국 여성의 지위 향상에 기여해왔다 | 14.2 | 22.1 | 12.0 | 40.5 | 11.3 |
| 페미니즘은 여성을 피해자로만 생각한다 | 6.6 | 31.8 | 10.5 | 30.9 | 20.2 |
| 페미니즘은 남녀 평등보다 여성우월주의를 주장한다 | 6.6 | 31.6 | 10.0 | 31.8 | 20.1 |
| 페미니즘이나 페미니스트에 거부감이 들 때가 있다 | 4.8 | 22.1 | 9.5 | 40.8 | 22.8 |

고, 양 극단으로 갈수록 응답자는 줄어드는 경향을 보인다(가운데가 볼록한 종 모양 곡선을 그린다). 더욱이 사람들은 관심이 적은 문제에는 강한 의견을 표하지 않으므로, 일관되게 강한 의견을 표하려면 그 주제에 큰 관심을 갖고 있어야 한다. 이 모든 허들을 넘어서 여섯 문항 모두에 강한 답변을 내놓은 응답자는 극소수만 잡히는 것이 정상이다. '-12점'을 정체성 집단의 기준으로 설정한 것은 지나치게 가혹해서 자칫 분석 자체가 불가능할 수도 있었다.

"25.9%네요."

분석을 총괄한 정한울 한국리서치 전문위원이 데이터에 이 모델을 적용하더니, 거의 감탄사에 가깝게 말했다. 20대 남자 응답자 중에 25.9%가 이 가혹한 기준을 통과했다. 20대 남자 네 명 중 한 명은 페미니즘에 대해 무엇을 물어도 '강한 반대'로 답할 만큼 이 주제에 관심이 많고 의견이 단호하다. 이 정도라면 '정체성 집단'이라고 불러도 될 크기다. 예상을 뛰어넘는 숫자에 우리는 잠시 할 말을 잃었다.

표 2-2-3은 페미니즘 찬반 지수의 분포를 세대·성별에 따라 보여준다. -12점은 '확고한 반대자'로, 이들이 우리가 주목하는 '남성 마이너리티 정체성 집단'이다. -6점에서 -11점 사이 응답자는 '강한 반대자'다. -1점에서 -5점은 '약한 반대자'로 분류했다. 0점은 '완전 중립'이다. 지수가 플러스인 응답자들도 같은 기준(예를 들어, +12점 응답자는 '확고한 찬성자')

[표 2-2-3] 페미니즘 찬반 지수 분포

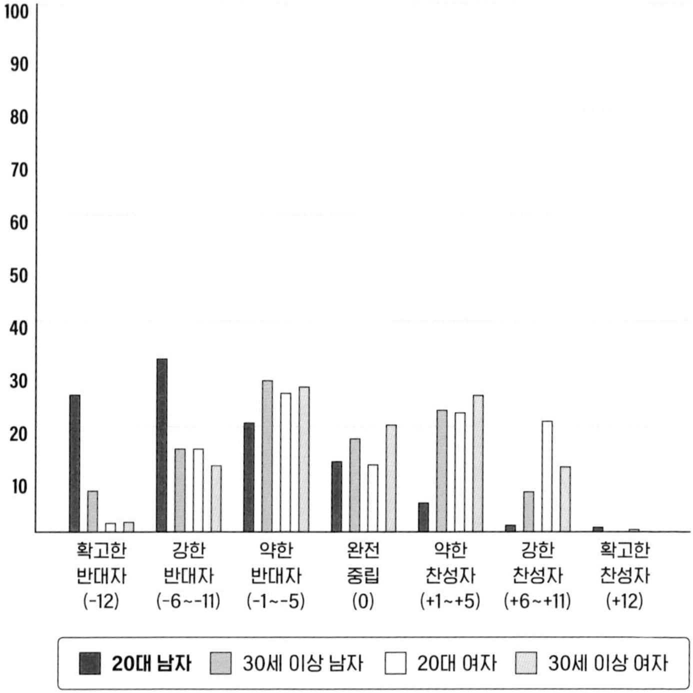


| | 확고한 반대자 (-12) | 강한 반대자 (-6~-11) | 약한 반대자 (-1~-5) | 완전 중립 (0) | 약한 찬성자 (+1~+5) | 강한 찬성자 (+6~+11) | 확고한 찬성자 (+12) |
|---|---|---|---|---|---|---|---|
| **20대 남자** | **25.9** | **32.7** | **20.6** | **13.3** | **5.4** | **1.2** | **0.8** |
| 30세 이상 남자 | 7.7 | 15.7 | 28.6 | 17.6 | 23.0 | 7.5 | 0.0 |
| 20대 여자 | 1.6 | 15.7 | 26.2 | 12.7 | 22.5 | 20.9 | 0.4 |
| 30세 이상 여자 | 1.8 | 12.5 | 27.4 | 20.2 | 25.8 | 12.3 | 0.0 |

(단위: %)

으로 분류했다.

표 2-2-3은 흥미로운 발견을 보여준다. 첫째, 우리의 가혹한 기준을 통과한 '남성 마이너리티 정체성 집단'은 20대 남자에서 25.9%이고, 30세 이상 남자에서 7.7%다. 둘의 차이는 18.2%포인트다. 이 숫자는 208개 문항 여론조사에서 20대 남자가 보여주는 특수성의 크기를 잘 설명한다. 20대 남자는 젠더와 권력이 얽힌 질문이면 거의 어김없이 30세 이상 남자 대비 20%포인트 안팎으로 튀는 대답을 내놓았다. 뒤에서 개별 문항들을 검토하면서, 이 '남성 마이너리티 정체성 집단'이 20대 남자 현상의 핵심이라는 사실을 보여줄 것이다.

### 자생력을 확보한 20대 남자 집단

네 명 중 한 명이 강고한 정체성 집단이라는 사실은, 이들이 주위에서 자신의 '동지들'을 충분히 발견할 수 있다는 의미다. 다른 세대와 성별에서 페미니즘에 대한 태도가 '-12점'인 사람은 동조자를 찾기가 쉽지 않다. 하지만 20대 남자들은 또래 집단에서 동조자를 쉽게 찾아낼 수 있다. 동의하는 집단이 충분히 크기 때문에, 서로 같은 의견을 주고받으며 강화하는 과정이 수월하게 일어난다.

'네 명 중 한 명'도 가혹한 기준 덕에 과소평가된 숫자다. -6점에서 -11점 사이 '강한 반대자'도 현실에서는 -12점의 또래들과 의견 차이가 크지 않을 것이며, -12점 집단에 합류할

잠재적 예비군이다. 20대 남자에서 두 그룹을 합한 크기는 58.6%다. 20대 남자 열 명 중 여섯 명은 반페미니즘을 주제로 아주 편안하게 대화할 수 있다. 숫자가 보여주는 결론은 선명하다. 20대 남자들 사이에서 반페미니즘 마이너리티 정체성 집단은 지속 가능한 의견 그룹으로 문턱 값을 한참 넘겼다. 자생력이 확보되고도 남는 크기다.

둘째, +12점 집단은 현실에 존재하지 않는다. 다시 말해, 모든 질문에 일관되게 강경한 '페미니스트 정체성 집단'은 존재하지 않는다. 20대 남자 현상을 설명하는 가설의 하나로, '20대 여자들이 극단적인 페미니스트가 되었기 때문에 20대 남자들은 그 반작용으로 반페미니스트가 되었다'는 설명이 있다. 우리 조사는 이 가설을 기각한다. 여성들이 +12점으로 몰려가는 현상은 없다. 페미니즘과 반페미니즘이 서로를 밀어내면서 둘 다 극단화된다는 관찰은 온라인 공간이 만들어낸 착시다. 페미니즘 찬반 지수는 지금 벌어지는 현상이 매우 비대칭적이라는 사실을 확인해준다. 그래프의 가장자리 극단값은 20대 남자만 두툼하다.

이제 이 -12점 집단이 어떻게 20대 남자 현상을 만들었는지 살펴볼 차례다. 이를 위해서는 두 가지를 확인해야 한다. 첫째, 20대 남자 현상의 원인으로 지목되었으나 사실은 '전 세대에 보편적인' 현상을 걸러내야 한다. 둘째, 20대 남자 현상의 원인으로 지목되었으나 사실은 '20대 남녀에 공통된' 현상을 걸러내야 한다. 이들을 걷어내고 보아야 -12점 집단의 위력이 온전히 드러난다.

20대 남자 현상에 대한 설명으로 유력하게 제기되어온 해석은 이렇다. 첫째, 20대 남자는 공정성에 유난히 민감하고 불공정에 대해 반대하는 성향도 매우 크다. 페미니즘에 대한 반대는 이들이 불공정에 민감하다는 본질에 딸린 현상이다. 둘째, 20대 남자는 경쟁의 가치를 특히 높이 평가한다. 경쟁을 중요하게 보는 이들의 눈에 페미니즘은 경쟁의 가치를 훼손하기 때문에 반대한다. '가치 지향이 다른 세대가 출현했으며, 이 세대의 새로운 가치에 우선 거슬린 문제가 페미니즘일 뿐'이라는 해석이다. 데이터는 어떨까?

우리 조사는 둘 다 지지하지 않는다. 공정에 민감하고 불공정에 반대하는 태도를 20대 남자가 갖고 있는 것은 사실이다. 하지만 나머지 세대·성별도 마찬가지다. '경쟁의 결과에 대한 평가가 공정하게 이루어지고 있다'라는 문장에 동의하지 않는 응답은 20대 남자에서 65.1%인데 전체 평균은 71.9%로, 큰 차이가 없다(표 2-3-1).

### 객관식 시험과 경쟁에 대한 강한 선호

공정성에 대한 집착과 사회가 공정하게 작동하지 않는다는 믿음이 결합하면 독특한 공정 관념이 등장한다. 객관식 시험에 대한 강한 선호가 형성되는 것이다. 이 태도가 20대 남자들의

[표 2-3-1]  경쟁의 결과에 대한 평가가 공정하게 이루어지고 있다

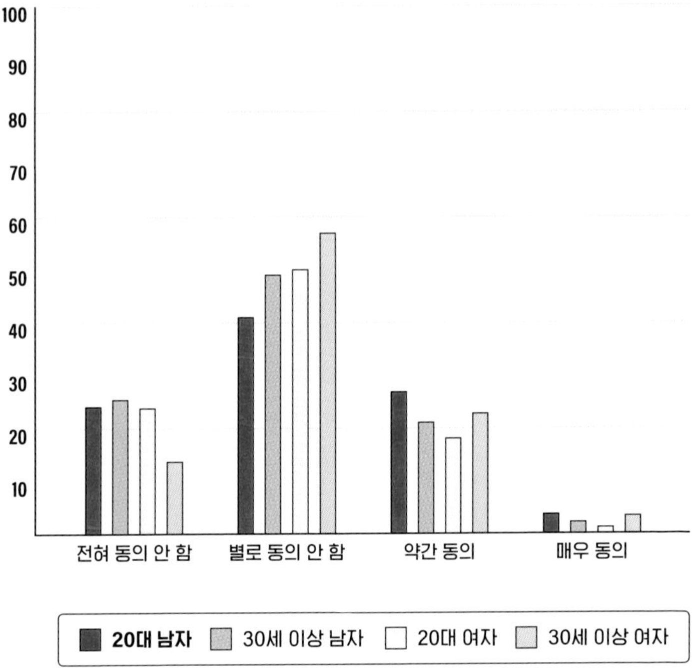


(단위: %)

| | 전혀 동의 안 함 | 별로 동의 안 함 | 약간 동의 | 매우 동의 | 모르겠다 |
|---|---|---|---|---|---|
| 20대 남자 | 24.1 | 41.0 | 26.8 | 3.6 | 4.5 |
| 30세 이상 남자 | 25.4 | 49.0 | 21.0 | 2.1 | 2.5 |
| 20대 여자 | 23.8 | 50.0 | 18.0 | 1.1 | 7.0 |
| 30세 이상 여자 | 13.6 | 56.9 | 22.7 | 3.3 | 3.5 |

특징으로 검토되기도 했으나 이 역시 세대·성별을 떠나 보편적인 현상이다. '객관식 채점이 아닌 평가자의 주관에 의한 평가는 신뢰하기 어렵다'라는 문장에, 20대 남자의 76.0%가 동의했다(표 2-3-2). 전체 평균은 83.2%다. 법의 집행, 취업 기회 등의 공정성을 묻는 여러 설문에서도 20대 남자는 평균적인 수준이다.

경쟁에 대한 태도도 비슷하다. 20대 남자는 경쟁의 결과로 나오는 차이를 받아들이고 경쟁의 가치를 높이 친다. 다른 세대·성별도 다들 그렇다. '경쟁에서 이긴 사람이 더 많은 몫을 가져가는 것은 당연하다'라는 문장에 20대 남자의 82.1%가 동의했다(표 2-3-3). 전체 평균은 77.5%다. '경쟁은 개인을 발전시키는 원동력이다'라는 문항에 20대 남자의 60.8%가 동의했다(표 2-3-4). 전체 평균은 66.2%다.

'공정'과 '경쟁'은 차이를 만들어내지 않는다. 둘 다 모든 세대·성별에서 중요하게 여겨지는 가치다. 여기에 젠더 문제를 더해야 20대 남자의 차이가 드러난다. 20대 남자는 취업 기회나 승진·승급 기회 등이 남녀 간에 공정한지를 물으면 다른 세대·성별과 동떨어진 답을 내놓는다. 20대 남자 현상에서 젠더는 종속변수가 아니다.

### '기성세대가 기회를 빼앗고 있다' 59.5%

이제 더 미묘한 차이를 다룬다. 20대 남자 현상 중에 어떤 것

[표 2-3-2] 객관식 채점이 아닌 평가자의 주관에 의한 평가는 신뢰하기 어렵다

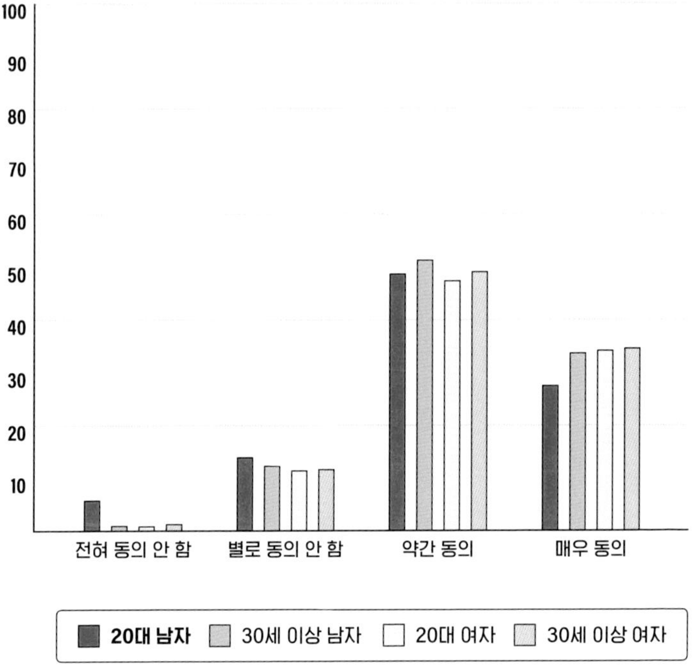


(단위: %)

| | 전혀 동의 안 함 | 별로 동의 안 함 | 약간 동의 | 매우 동의 | 모르겠다 |
|---|---|---|---|---|---|
| 20대 남자 | 5.7 | 13.9 | 48.6 | 27.4 | 4.4 |
| 30세 이상 남자 | 0.9 | 12.2 | 51.2 | 33.6 | 2.1 |
| 20대 여자 | 0.8 | 11.3 | 47.3 | 34.1 | 6.5 |
| 30세 이상 여자 | 1.2 | 11.6 | 49.0 | 34.5 | 3.7 |

[표 2-3-3] 경쟁에서 이긴 사람이 더 많은 몫을 가져가는 것은 당연하다

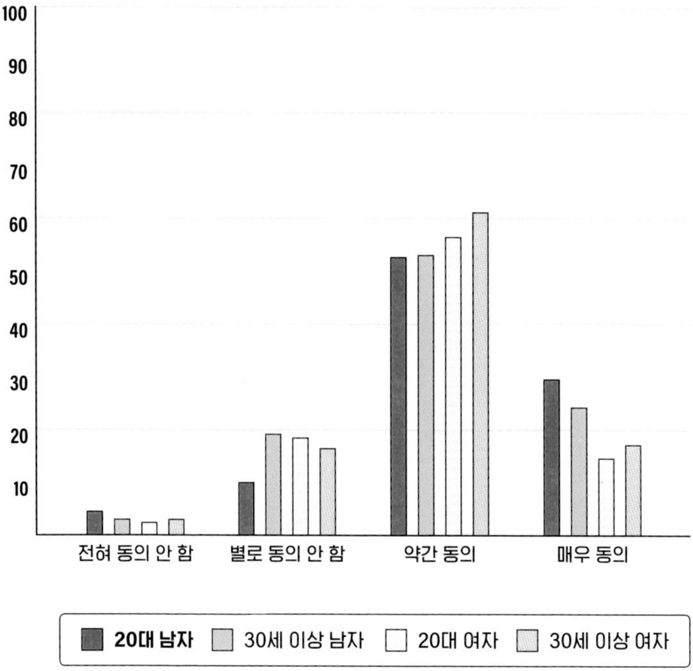


(단위: %)

| | 전혀 동의 안 함 | 별로 동의 안 함 | 약간 동의 | 매우 동의 | 모르겠다 |
|---|---|---|---|---|---|
| 20대 남자 | 4.4 | 9.9 | 52.6 | 29.5 | 3.6 |
| 30세 이상 남자 | 2.9 | 19.1 | 53.0 | 24.2 | 0.9 |
| 20대 여자 | 2.3 | 18.4 | 56.4 | 14.5 | 8.5 |
| 30세 이상 여자 | 2.9 | 16.4 | 61.1 | 17.1 | 2.5 |

[표 2-3-4] 경쟁은 개인을 발전시키는 원동력이다

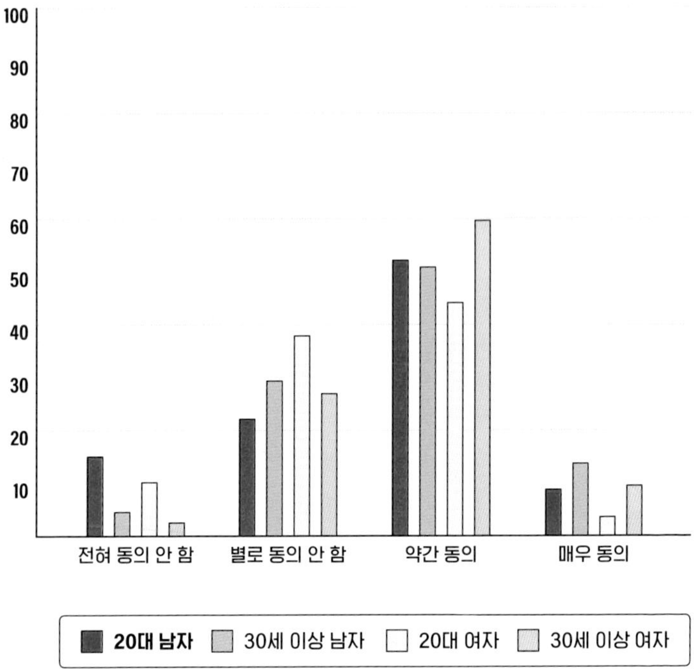


(단위: %)

| | 전혀 동의 안 함 | 별로 동의 안 함 | 약간 동의 | 매우 동의 | 모르겠다 |
|---|---|---|---|---|---|
| 20대 남자 | 15.0 | 22.1 | 52.1 | 8.7 | 2.1 |
| 30세 이상 남자 | 4.5 | 29.3 | 50.8 | 13.7 | 1.7 |
| 20대 여자 | 10.1 | 37.8 | 44.1 | 3.5 | 4.6 |
| 30세 이상 여자 | 2.5 | 26.9 | 59.6 | 9.5 | 1.5 |

은 '20대 남녀 현상'으로 부르는 것이 더 적절하다. 20대 남자들이 여유가 없어지고 여성 권리 신장에 민감하게 대응하는 이유를 한국이 저성장 사회에 진입했다는 데서 찾는 설명이 있었다. 저성장 사회에서는 기회가 줄어들고 미래 전망이 나빠진다. 그러면 마이너리티에 대한 배려가 줄어들고 가혹한 태도가 등장할 가능성이 높다. 20대 남자들이 저성장의 덫에 걸려서 여유가 사라진 것이 상황의 본질일까?

20대 남자가 보는 미래 전망이 어두운 것은 사실이다. '나는 나의 부모님 세대보다 더 많은 기회를 얻을 것이다'라는 문장에, 20대 남자의 62.0%가 '그렇지 않다'고 답했다. 하지만 20대 여자도 60.0%가 '그렇지 않다'고 답했다(표 2-4-1). '기성세대가 젊은 세대의 기회를 빼앗고 있는가, 열어주고 있는가'를 물었다. 20대 남자의 59.5%는 '빼앗고 있다'를 골랐다(표 2-4-2). 20대 여자는 50.7%(응답자 전체 평균은 43.4%)였다. 기회가 닫히고 있다는 두려움이 남자에게서 좀 더 많이 보인다. 하지만 여자도 만만치 않다.

마이너리티에 대한 태도는 20대 남자가 유난히 가혹할까? 난민에 대한 의견을 묻는 질문으로 측정해보았다(표 2-4-3). 난민 수용에 반대하는 의견은 20대 남자에서 68.6%였다. 20대 여자도 70.0%로, 거의 차이가 없다. 30세 이상 남자는 43.3%, 30세 이상 여자는 56.5%였으니, 20대가 기성세대보다 난민 수용에 반대하는 경향이 더 강하다. 하지만 20대에서 남

[표 2-4-1] 나는 나의 부모님 세대보다 더 많은 기회를 얻을 것이다

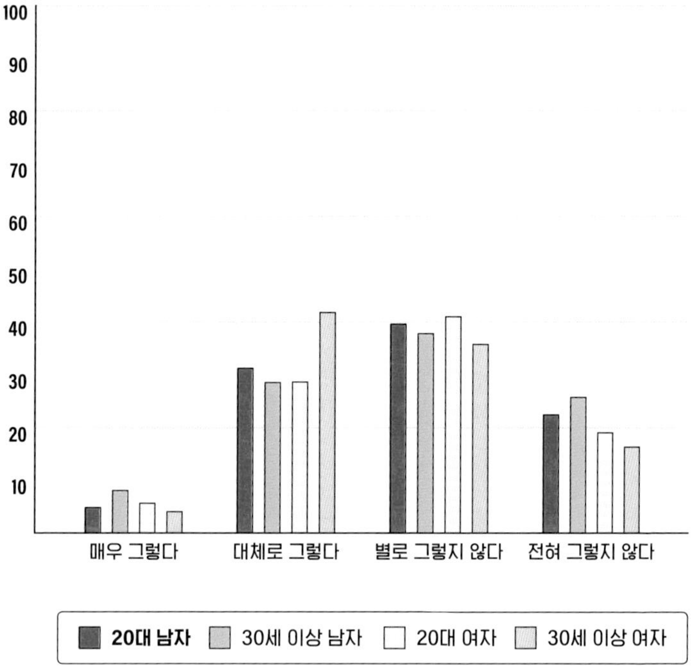


| | 매우 그렇다 | 대체로 그렇다 | 별로 그렇지 않다 | 전혀 그렇지 않다 | 모르겠다 |
|---|---|---|---|---|---|
| 20대 남자 | 4.8 | 31.2 | 39.6 | 22.4 | 2.0 |
| 30세 이상 남자 | 8.0 | 28.5 | 37.8 | 25.7 | 0.0 |
| 20대 여자 | 5.6 | 28.6 | 41.0 | 19.0 | 5.7 |
| 30세 이상 여자 | 4.0 | 41.8 | 35.7 | 16.3 | 2.2 |

(단위: %)

[표 2-4-2] 기성세대가 젊은 세대의 기회를 빼앗고 있는가, 열어주고 있는가

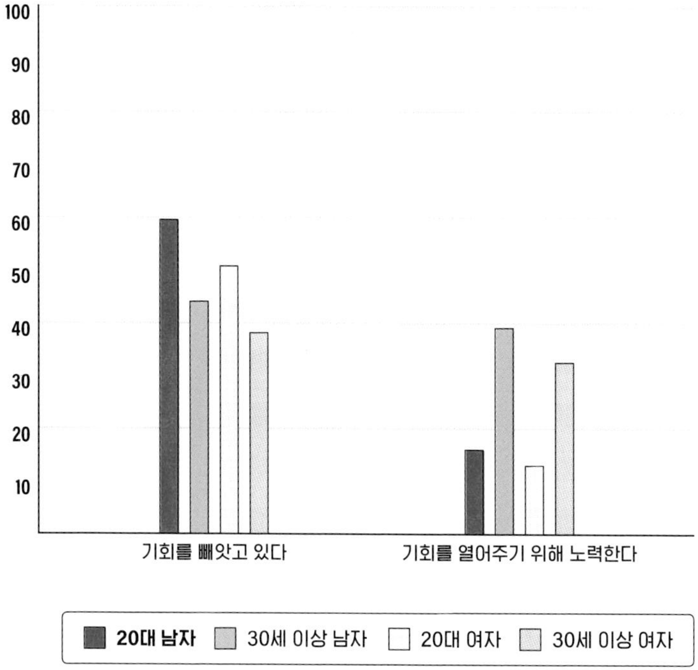


| | 기회를 빼앗고 있다 | 기회를 열어주기 위해 노력한다 | 모르겠다 |
|---|---|---|---|
| **20대 남자** | **59.5** | **16.0** | **24.5** |
| 30세 이상 남자 | 44.0 | 39.1 | 16.9 |
| 20대 여자 | 50.7 | 13.0 | 36.3 |
| 30세 이상 여자 | 38.1 | 32.5 | 29.4 |

(단위: %)

[표 2-4-3] 난민 수용에 대한 의견

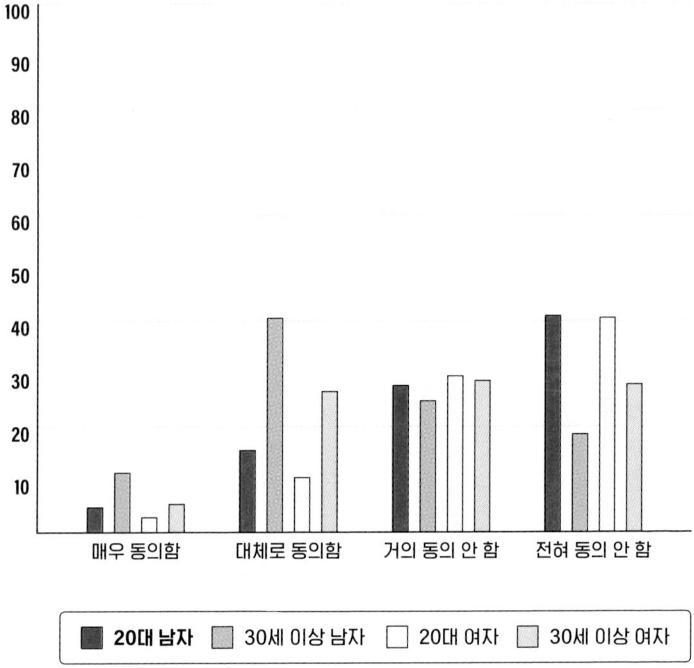


(단위: %)

| | 매우 동의함 | 대체로 동의함 | 거의 동의 안 함 | 전혀 동의안 함 | 모르겠다 |
|---|---|---|---|---|---|
| 20대 남자 | 4.7 | 15.5 | 27.7 | 40.9 | 11.2 |
| 30세 이상 남자 | 11.2 | 40.5 | 24.8 | 18.5 | 5.0 |
| 20대 여자 | 2.8 | 10.3 | 29.5 | 40.5 | 16.9 |
| 30세 이상 여자 | 5.3 | 26.6 | 28.6 | 27.9 | 11.7 |

녀 차이는 관찰되지 않는다.

'공정''경쟁''저성장''기회 축소'는 여전히 중요한 키워드다. 그것들이 전제로 깔려야만 20대 남자가 보여주는 특유의 차별 의식을 설명할 수 있다. 공정이 무너졌다는 인식, 경쟁이 아니라 권력의 팔 비틀기로 여성들이 자리를 차지한다는 차별 감각, 저성장과 기회 축소가 불러오는 긴장, 소수자 밀어내기. 이런 토양이 없다면 20대 남자 현상은 등장하기 어려웠다.

### '반페미니즘 신념형 20대 남자'의 출현

하지만 이 모든 토양은 20대 남자만의 것으로 볼 수 없다. 여기에 남성 마이너리티 정체성 집단, 그러니까 -12점 집단을 집어넣어야 20대 남자 특유의 현상이 비로소 등장한다. 표 2-5부터 표 2-8까지가 이를 잘 보여준다. 이후 표에 등장하는 '반페미니즘 신념형 20대 남자'는 바로 이 -12점 집단을 뜻한다.

표 2-5는 이 -12점 집단의 특징을 규명할 수 있는 자료다. '결혼을 하면 사회적 성취를 이루기 어렵다'는 문장을 주고 동의하는지 물었다(표 2-5-2). 이 질문에 대한 답은 신념형 20대 남자와 그 외 20대 남자가 사실상 차이가 없다. 신념형 20대 남자는 60.8%가 '그렇지 않다'고 답했다. 그 외 20대 남자는 62.7%다. 두 집단은 결혼을 해도 사회적 성취를 방해받지 않으리라고 생각한다는 점에서 같다. 표 2-5-3도 함께 보자. 자

[표 2-5-1] 결혼은 반드시 해야 한다

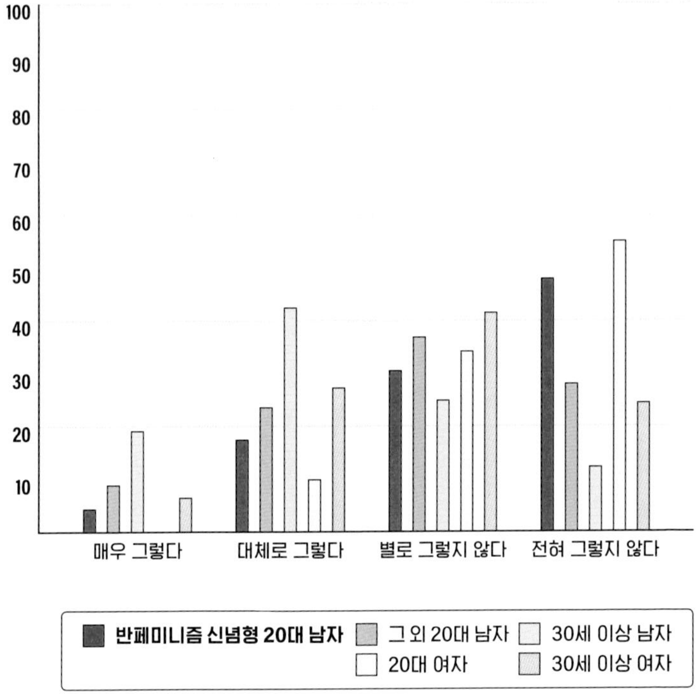


| | 매우 그렇다 | 대체로 그렇다 | 별로 그렇지 않다 | 전혀 그렇지 않다 | 모르겠다 |
|---|---|---|---|---|---|
| **반페미니즘 신념형 20대 남자** | **4.3** | **17.4** | **30.4** | **47.8** | **0.0** |
| 그 외 20대 남자 | 8.8 | 23.5 | 36.8 | 27.9 | 2.9 |
| 30세 이상 남자 | 19.1 | 42.4 | 24.8 | 12.2 | 1.5 |
| 20대 여자 | 0.0 | 9.8 | 34.1 | 54.9 | 1.2 |
| 30세 이상 여자 | 6.4 | 27.2 | 41.4 | 24.3 | 0.7 |

(단위: %)

[표 2-5-2] 결혼을 하면 사회적 성취를 이루기 어렵다

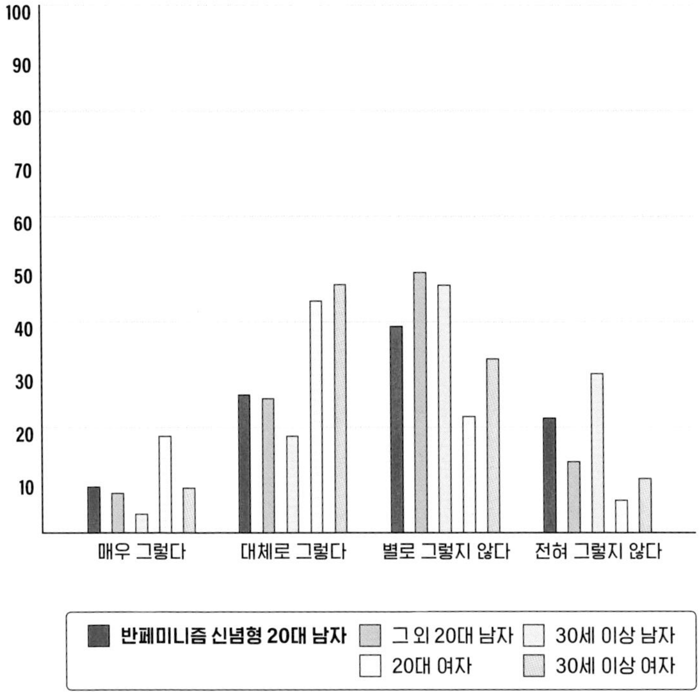


(단위: %)

| | 매우 그렇다 | 대체로 그렇다 | 별로 그렇지 않다 | 전혀 그렇지 않다 | 모르겠다 |
|---|---|---|---|---|---|
| 반페미니즘 신념형 20대 남자 | 8.7 | 26.1 | 39.1 | 21.7 | 4.3 |
| 그 외 20대 남자 | 7.5 | 25.4 | 49.3 | 13.4 | 4.5 |
| 30세 이상 남자 | 3.5 | 18.3 | 46.9 | 30.1 | 1.2 |
| 20대 여자 | 18.3 | 43.9 | 22.0 | 6.1 | 9.8 |
| 30세 이상 여자 | 8.5 | 47.0 | 32.9 | 10.2 | 1.4 |

[표 2-5-3] 자녀를 가지면 사회적 성취를 이루기 어렵다

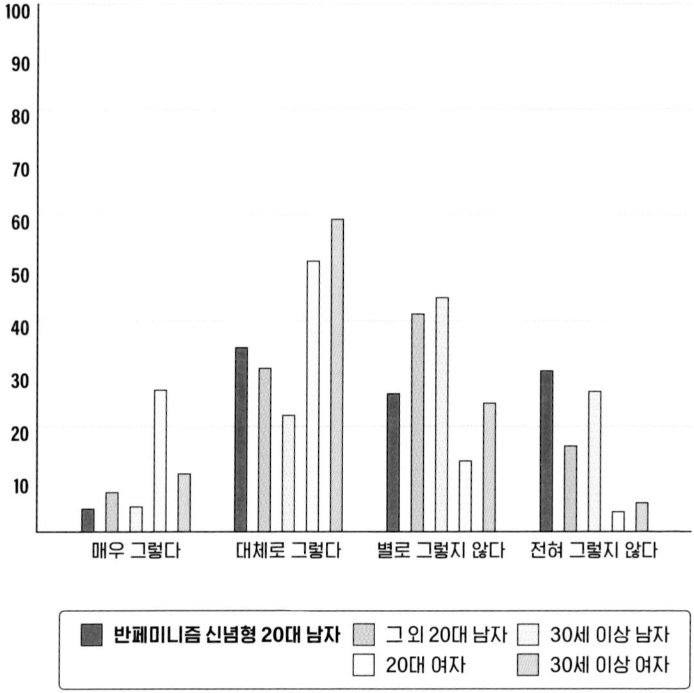


(단위: %)

| | 매우 그렇다 | 대체로 그렇다 | 별로 그렇지 않다 | 전혀 그렇지 않다 | 모르겠다 |
|---|---|---|---|---|---|
| 반페미니즘 신념형 20대 남자 | 4.3 | 34.8 | 26.1 | 30.4 | 4.3 |
| 그 외 20대 남자 | 7.4 | 30.9 | 41.2 | 16.2 | 4.4 |
| 30세 이상 남자 | 4.7 | 22.0 | 44.3 | 26.5 | 2.5 |
| 20대 여자 | 26.8 | 51.2 | 13.4 | 3.7 | 4.9 |
| 30세 이상 여자 | 10.9 | 59.1 | 24.3 | 5.4 | 0.2 |

녀를 가질 경우를 놓고 같은 질문을 던졌다. 이번에도 두 집단은 사회적 성취를 방해받지 않으리라는 데 의견이 일치했다(신념형 20대 남자는 56.5%, 그 외 20대 남자는 57.4%).

#### '결혼도, 출산도 여성에게 더 유리하다'

20대 여자는 결혼과 자녀가 사회적 성취를 이루기 어렵게 할 것이라고 남자들보다 훨씬 많이 걱정한다. 결혼은 62.2%가, 자녀는 78.0%가 사회적 성취를 이루기 어렵게 만들 것이라고 답했다. 이 주제로 남녀 차이는 크다. 하지만 남자들 사이에서 신념형 20대 남자 집단과 그 외 집단의 차이는 없다. 이 질문은 젠더 요소를 포함하고 있으나, 권력과 차별의 스위치를 누르지는 않는다. 이럴 때는 신념형 20대 남자 집단도 전체 20대 남자의 의견과 차이를 보이지 않는다.

권력과 차별의 스위치가 눌러지면 어떤 일이 일어날까. 그 결과가 표 2-5-4이다. '가족을 꾸리는 것은 여성에게 더 유리하다'라는 문장을 제시했다. 젠더 문제와 권력의 문제가 동시에 들어오자('여성에게 유리하다'), 신념형 20대 남자 집단은 곧바로 반응한다. 65.2%가 동의한다고 답했다. 그 외 20대 남자 집단은 45.6%만 동의했다. 20대 여자는 10.9%만 동의했다.

이 숫자는 보기보다 더 묘하다. 결혼과 자녀가 사회적 성취를 방해하는 정도를 더 강하게 인식하는 성별은 단연 여성

[표 2-5-4] 가족을 꾸리는 것은 여성에게 더 유리하다

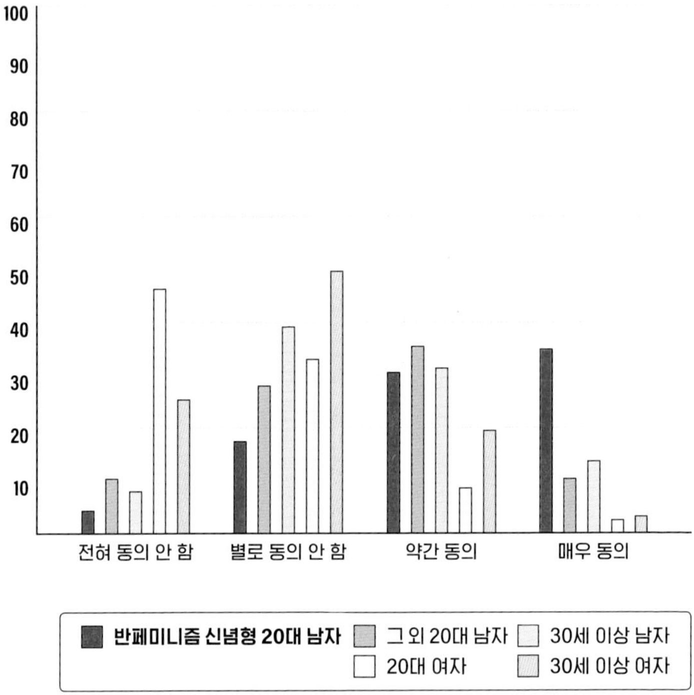


| | 전혀 동의 안 함 | 별로 동의 안 함 | 약간 동의 | 매우 동의 | 모르겠다 |
|---|---|---|---|---|---|
| **반페미니즘 신념형 20대 남자** | **4.3** | **17.4** | **30.4** | **34.8** | **13.0** |
| 그 외 20대 남자 | 10.3 | 27.9 | 35.3 | 10.3 | 16.2 |
| 30세 이상 남자 | 7.9 | 39.1 | 31.2 | 13.6 | 8.2 |
| 20대 여자 | 46.3 | 32.9 | 8.5 | 2.4 | 9.8 |
| 30세 이상 여자 | 25.3 | 49.6 | 19.4 | 3.1 | 2.6 |

(단위: %)

이다. 남자들은 결혼과 자녀가 사회적 성공 전망을 낮출 것이라고 별로 걱정하지 않는다. 그런데도 신념형 20대 남자 집단은 '가족을 꾸리는 것은 여성에게 더 유리하다'라는 문장에 동의한다. 신념형 20대 남자 집단이 표 2-5에서 보여준 일련의 대답에서는 논리적 일관성보다는 단호한 결의가 더 두드러져 보인다. 그 외 20대 남자 집단도 충분히 페미니즘에 비판적인 데도(이 집단에는 -11점 응답자도 섞여 있다), 신념형 20대 남자 집단이 보여주는 결의와는 거리가 한참 멀다.

### 20대 남자가 진심으로 믿는 것들

이 신념형 20대 남자 집단이 진지하고 진심이라는 징후가 있다. '지금 한국에서 아이를 낳는다면 딸이 더 살아가기 좋을 것이다'라는 문장을 주고 찬반을 물었다. 이렇게 물어보면, 자신이 당사자가 되어 남녀 차별 문제를 판단할 때보다 사회 현실을 객관적으로 들여다보게 만든다. 자기 세대의 문제에는 자신이 유리한 쪽으로 왜곡하는 주장을 내놓을 수 있지만, 자녀를 놓고 물어보면 그런 경향은 상당히 줄어든다. 때문에 이 질문은 한국 사회의 성차별 문제를 객관적으로 어떻게 판단하는지 측정하는 데 유용하다.

그 결과가 표 2-5-5다. 신념형 20대 남자는 '딸이 더 살기 좋을 세상'이라는 데 66.7%가 동의했다. '매우 그렇다'는 강한 확신도 41.7%나 되었다. 그 외 20대 남자가 동의하는 정도

[표 2-5-5] 지금 한국에서 아이를 낳는다면
딸이 더 살아가기 좋을 것이다

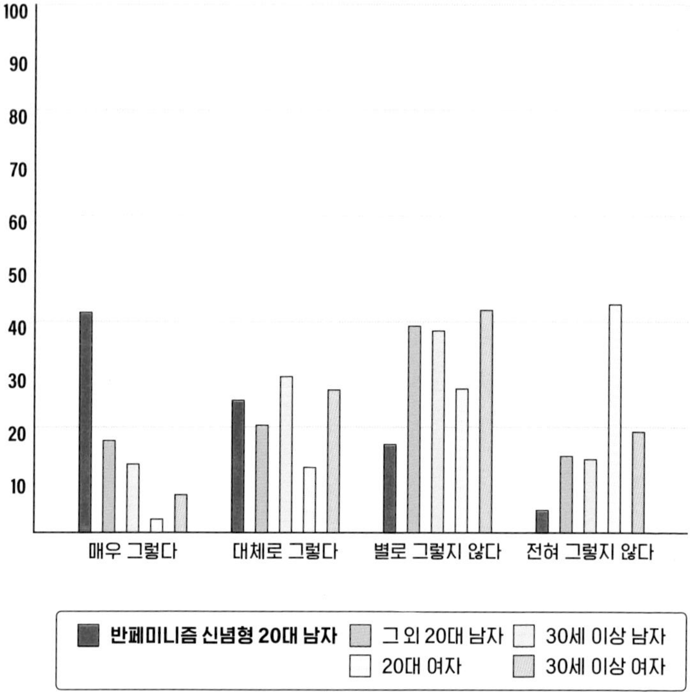


| | 매우 그렇다 | 대체로 그렇다 | 별로 그렇지 않다 | 전혀 그렇지 않다 | 모르겠다 |
|---|---|---|---|---|---|
| 반페미니즘 신념형 20대 남자 | 41.7 | 25.0 | 16.7 | 4.2 | 12.5 |
| 그 외 20대 남자 | 17.4 | 20.3 | 39.1 | 14.5 | 8.7 |
| 30세 이상 남자 | 12.9 | 29.5 | 38.2 | 13.9 | 5.5 |
| 20대 여자 | 2.5 | 12.3 | 27.2 | 43.2 | 14.8 |
| 30세 이상 여자 | 7.1 | 27.0 | 42.1 | 19.1 | 4.7 |

(단위: %)

는 37.7%에 그쳐서 차이가 크다. 20대 여자는 14.8%만 동의했다. -12점 집단은 반페미니즘이 남자인 자신에게 유리하기 때문에 전략적으로 주장하는 수준을 훌쩍 넘어선다. 이건 진심이다. 정체성이라는 표현이 과하지 않은 이유다. 이 질문에 30세 이상 남자는 42.4%가 동의했는데, 그 외 20대 남자 집단의 의견과 비슷하다. 즉, 정체성이 형성된 수준까지 나아간 -12점 집단을 빼고 보면, 20대 남자 현상은 사라진다.

이 '진심'은 '공정'과 같은 20대 남자 현상의 핵심 키워드에도 영향을 끼친다. 스위치를 누르는 질문이 등장하면, -12점 집단에서는 공정에 대한 감각 자체가 달라져버린다. 앞서 우리는 공정에 대한 감각은 20대 남자 현상이 아니라 보편적 감각이라는 사실을 확인했다. 그런데 공정 문제에 젠더와 권력을 투입하면 20대 남자 현상이 다시 등장한다.

### 당위적인 정답도 비껴가게 만든 힘

'남녀의 소득이 비슷한 사회가 공정하다'라는 문장을 주고 찬반을 물었다. 당위에 가까운 문장이어서 반대 의견을 내기가 쉽지 않다. 여론조사 전문가들은 이런 문항을 두고 "응답자의 답변을 '당위적인 정답'으로 유도하기 때문에 좋지 않은 질문이다"라고 평가한다. 웬만하면 당위에 따라 답한다는 얘기다. 하지만 신념형 20대 남자 집단은 웬만하지 않다. 58.3%가 '동의하지 않는다'고 답했다(표 2-6-1). 이 집단은 당위적인 질문에도 반대 방향으로 향할 정도로 확신이 강하다. 다만 다른 이들로부터 지지받지는 못한다. 그 외 20대 남자 집단에서 '동의하지 않는다'는 33.9%다. 30세 이상 남자는 25.0%만 '동의하지 않는다'고 답했다.

그렇다면 무엇이 공정일까. 여성의 소득이 낮은 현실은 어떻게 설명할 수 있을까. '여성의 소득이 낮은 이유는 일로 성공하려는 노력이 남성보다 약하기 때문이다'라는 문장을 주고 찬반을 물었다(표 2-6-2). 신념형 20대 남자는 78.3%가 이에 동의했다. 그중에서도 '매우 동의'가 많다(52.2%). '남녀 간의 소득은 불평등하다. 하지만 공정하다. 왜? 남성이 일로 성공하려는 노력을 더 많이 하기 때문이다'라는 의견에는 그 외 20대 남자 집단과 30세 이상 남자 집단도 은근한 지지를 보내지만(그 외 20대 남자 '동의' 47.7%, 30세 이상 남자 '동의' 52.8%), 신념형 20대 남자가 보여주는 단호한 확신은 부족하다(그 외 20대 남자 '매우 동의' 16.4%, 30세 이상 남자 '매우 동의' 11.9%에 그친다).

남녀 소득 격차가 성차별 때문이라는 주장은 20대 남자로서는 결단코 동의할 수 없는, 공정성을 허물어뜨리는 주장이 된다. '한국에서 여성의 소득이 낮은 이유는 성차별 때문이다'라는 문장에 신념형 20대 남자는 무려 78.3%가 '전혀 동의하지 않는다'고 답했다(표 2-6-3). '별로 동의 안 함' 17.4%와 합치면 무려 95.7%에 이른다.

[표 2-6-1] 남녀의 소득이 비슷한 사회가 공정하다

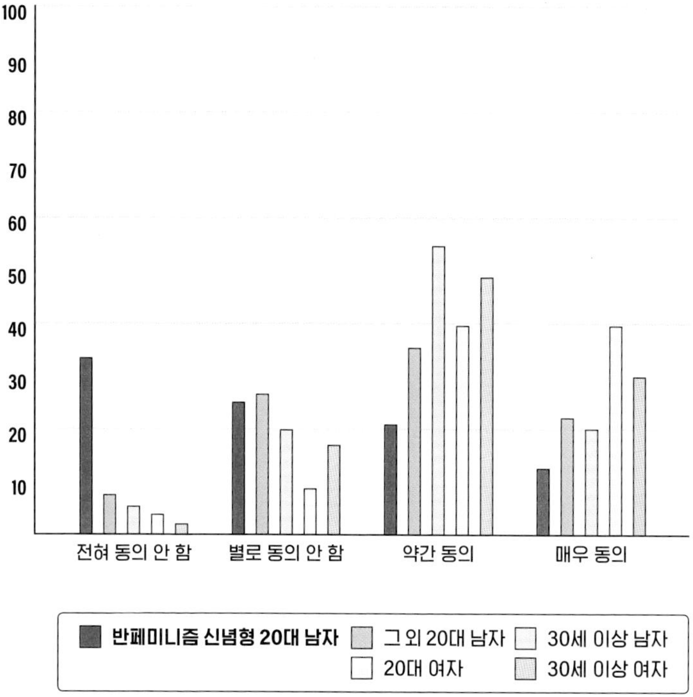


(단위: %)

| | 전혀 동의 안 함 | 별로 동의 안 함 | 약간 동의 | 매우 동의 | 모르겠다 |
|---|---|---|---|---|---|
| **반페미니즘 신념형 20대 남자** | **33.3** | **25.0** | **20.8** | **12.5** | **8.3** |
| 그 외 20대 남자 | 7.4 | 26.5 | 35.3 | 22.1 | 8.8 |
| 30세 이상 남자 | 5.2 | 19.8 | 54.6 | 20.0 | 0.5 |
| 20대 여자 | 3.7 | 8.6 | 39.5 | 39.5 | 8.6 |
| 30세 이상 여자 | 1.9 | 16.9 | 48.7 | 29.9 | 2.6 |

[표 2-6-2] 여성의 소득이 낮은 이유는 일로 성공하려는 노력이 남성보다 약하기 때문이다

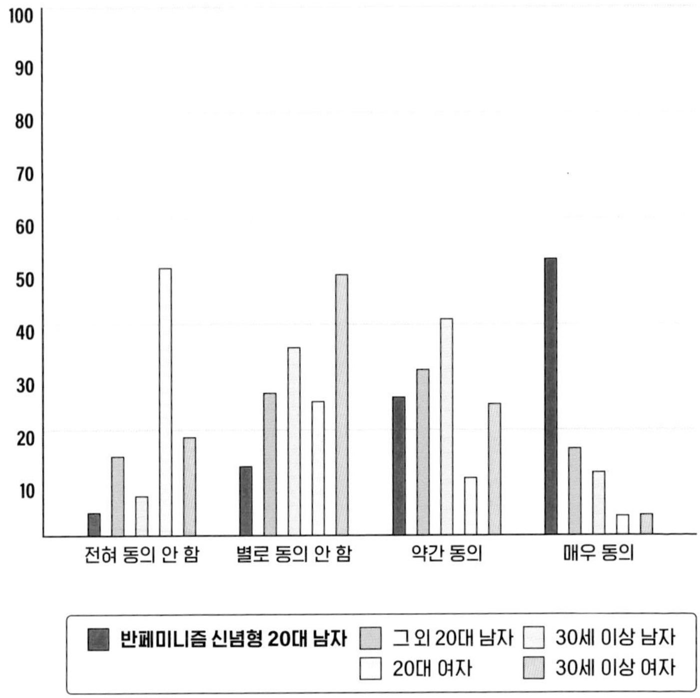


| | 전혀 동의 안 함 | 별로 동의 안 함 | 약간 동의 | 매우 동의 | 모르겠다 |
|---|---|---|---|---|---|
| **반페미니즘 신념형 20대 남자** | **4.3** | **13.0** | **26.1** | **52.2** | **4.3** |
| 그 외 20대 남자 | 14.9 | 26.9 | 31.3 | 16.4 | 10.4 |
| 30세 이상 남자 | 7.4 | 35.5 | 40.9 | 11.9 | 4.2 |
| 20대 여자 | 50.6 | 25.3 | 10.8 | 3.6 | 9.6 |
| 30세 이상 여자 | 18.6 | 49.3 | 24.8 | 3.8 | 3.5 |

(단위: %)

[표 2-6-3] 한국에서 여성의 소득이 낮은 이유는 성차별 때문이다

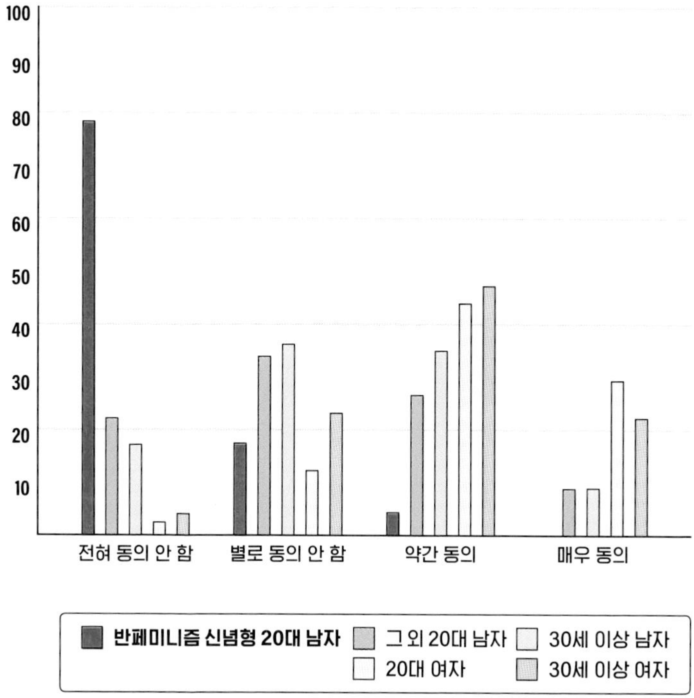


| | 전혀 동의 안 함 | 별로 동의 안 함 | 약간 동의 | 매우 동의 | 모르겠다 |
|---|---|---|---|---|---|
| 반페미니즘 신념형 20대 남자 | 78.3 | 17.4 | 4.3 | 0.0 | 0.0 |
| 그 외 20대 남자 | 22.1 | 33.8 | 26.5 | 8.8 | 8.8 |
| 30세 이상 남자 | 17.1 | 36.1 | 34.9 | 8.9 | 3.0 |
| 20대 여자 | 2.4 | 12.2 | 43.9 | 29.3 | 12.2 |
| 30세 이상 여자 | 4.0 | 23.1 | 47.2 | 22.2 | 3.5 |

(단위: %)

[표 2-6-4] 지금 시대는 여성 차별보다 남성 차별이 더 심각하다

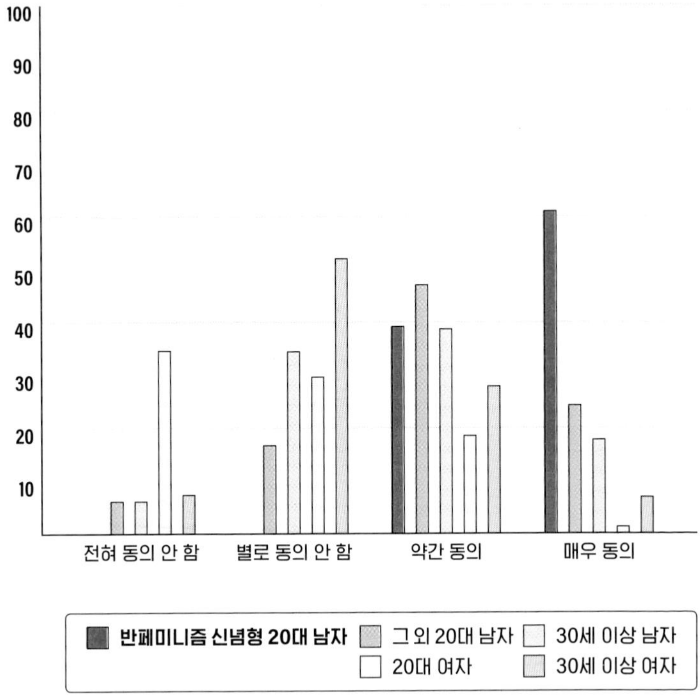


| | 전혀 동의 안 함 | 별로 동의 안 함 | 약간 동의 | 매우 동의 | 모르겠다 |
|---|---|---|---|---|---|
| **반페미니즘 신념형 20대 남자** | **0.0** | **0.0** | **39.1** | **60.9** | **0.0** |
| 그 외 20대 남자 | 6.1 | 16.7 | 47.0 | 24.2 | 6.1 |
| 30세 이상 남자 | 6.1 | 34.4 | 38.6 | 17.7 | 3.2 |
| 20대 여자 | 34.6 | 29.6 | 18.5 | 1.2 | 16.0 |
| 30세 이상 여자 | 7.3 | 52.0 | 27.8 | 6.8 | 6.1 |

(단위: %)

### '남성 차별이 더 심각하다'는 순도 100% 합의

95.7%라는 압도적인 숫자는, 이들 -12점 집단이 보는 '사안의 본질'이 무엇인지 생생하게 증언한다. 성차별은 없다. 그저 성차별이 없는 정도가 아니라, 성차별이라는 말 자체가 여성과 페미니즘이 구사하는 '권력의 언어'다. 즉, 이 말이야말로 남성 차별의 상징이라고 할 만하다. '성차별을 바로잡겠다는 명분으로 남성을 차별해왔다'는 것이 바로 사안의 본질이다. 이에 견주면, 다른 남자들은 우유부단해 보일 정도로 멀찍이 떨어져 있다. 그 외 20대 남자 집단에서 '동의 안 함' 응답은 합쳐서 55.9%다. 30세 이상 남자에서는 53.2%로, 꽤 높다. 하지만 95.7%에 비할 바는 아니다.

이렇게 해서 우리의 주인공인 남성 마이너리티 정체성 집단, 즉 신념형 20대 남자 집단(-12점 집단)은 그야말로 불순물 한 점 없는 합의에 도달한다. '지금 시대는 여성 차별보다 남성 차별이 더 심각하다'라는 문장에 100%가 동의했다(표 2-6-4).

이것은 왜 차별이며, 왜 불공정인가. 능력만 놓고 보면 남성이 단연 여성보다 뛰어나기 때문이다. 우리는 초·중·고 교육과정, 대학 입시, 취업 시험, 취업 후 업무 능력 등 네 개 영역에서 남자와 여자 중에 누가 더 유능한지를 각각 물었다. 그 결과가 표 2-7이다. 여기에서 신념형 20대 남자, 그 외 20대 남자, 20대 여자, 이 세 집단의 응답을 비교했다. 세 집단은 모

[표 2-7-1] 누가 더 유능한가? 여성이 더 뛰어나다

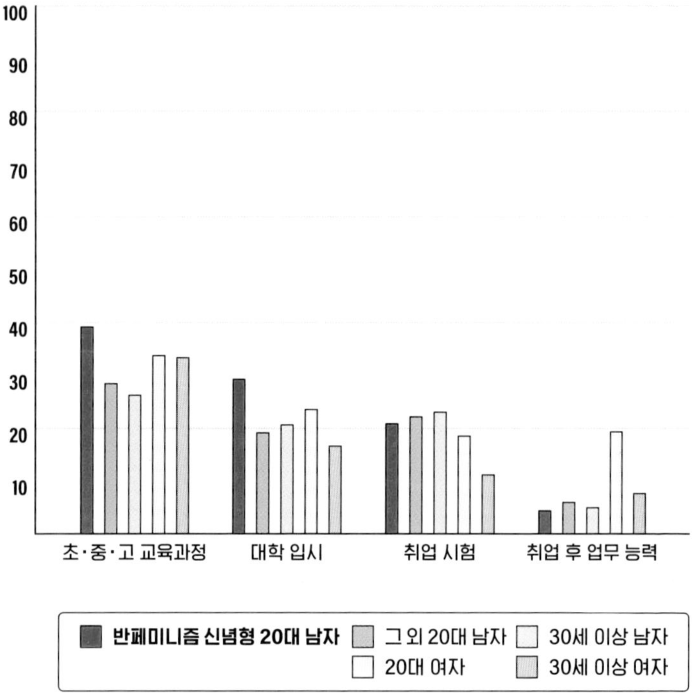


| | 초·중·고 교육과정 | 대학 입시 | 취업 시험 | 취업 후 업무 능력 |
|---|---|---|---|---|
| 반페미니즘 신념형 20대 남자 | 39.1 | 29.2 | 20.8 | 4.3 |
| 그 외 20대 남자 | 28.4 | 19.1 | 22.1 | 5.9 |
| 30세 이상 남자 | 26.2 | 20.6 | 23.0 | 4.9 |
| 20대 여자 | 33.7 | 23.5 | 18.5 | 19.3 |
| 30세 이상 여자 | 33.3 | 16.6 | 11.1 | 7.6 |

(단위: %)

[표 2-7-2] 누가 더 유능한가? 남성이 더 뛰어나다

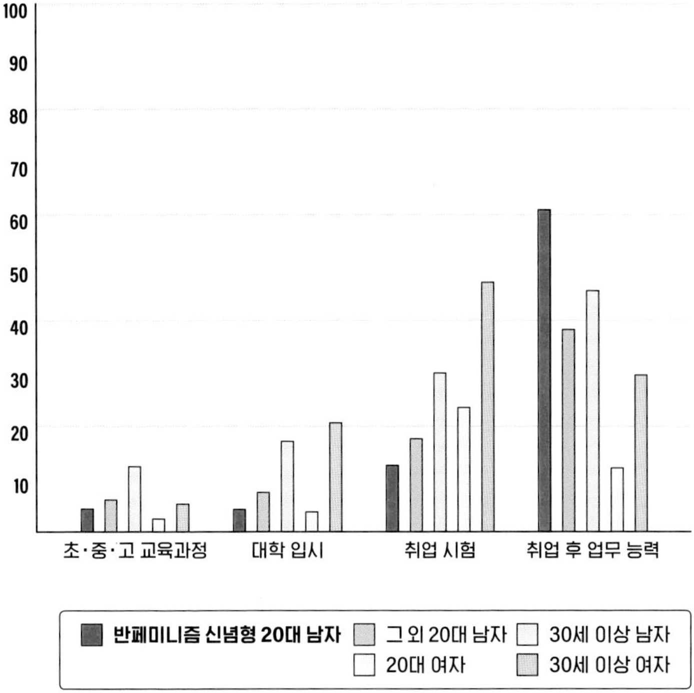


(단위: %)

| | 초·중·고 교육과정 | 대학 입시 | 취업 시험 | 취업 후 업무 능력 |
|---|---|---|---|---|
| 반페미니즘 신념형 20대 남자 | 4.3 | 4.2 | 12.5 | 60.9 |
| 그 외 20대 남자 | 6.0 | 7.4 | 17.6 | 38.2 |
| 30세 이상 남자 | 12.3 | 17.1 | 30.0 | 45.6 |
| 20대 여자 | 2.4 | 3.7 | 23.5 | 12.0 |
| 30세 이상 여자 | 5.2 | 20.6 | 47.2 | 29.6 |

두 초·중·고 교육과정과 대학 입시에서는 여자가 더 유능하다는 쪽으로 쏠린다. 취업 시험에서는 세 집단 모두 남자의 손을 들어주지만 큰 차이는 아니다. 주목할 만한 차이는 취업 후 업무 능력 평가에서 드러난다.

### '남성의 업무 능력이 더 뛰어나다' 60.9%

신념형 20대 남자 집단은 업무 능력에서 남성이 뛰어나다는 신념을 가장 두드러지게 갖고 있다(60.9%, 표 2-7-2). 남녀 임금 격차도 이것으로 정당화된다. '업무 능력은 남자가 뛰어나다. 임금도 남자가 더 많이 받는다. 노동 시장은 공정하게 굴러간다. 하지만 국가 권력이 개입하는 법 집행이나 양성 평등 정책은 엉망진창이다.' 불공정의 온상은 권력이 젠더와 만나는 곳이다.

이것으로 다시 한 번 확인된다. 공정은 중요한 키워드다. 하지만 이 현상 고유의 본질은 아니다. 젠더와 권력의 조합이라는 스위치는 '무엇이 공정한가'라는 개념 자체를 재구성할 정도로 강력한 힘을 발휘한다. 그 힘이 고스란히 작용하는 집단이 20대 남자 중에 유난히 많고, 이들이 스위치가 눌렸을 때 20대 남자 여론은 거의 일관되게 이들의 크기만큼 출렁인다.

표 2-8-1은 이러한 일련의 과정이 수면 위로 올라온 결과물이자 여론이 20대 남자 현상에 주목하게 만든 최초의 계

[표 2-8-1] 문재인 대통령의 국정 운영 지지도

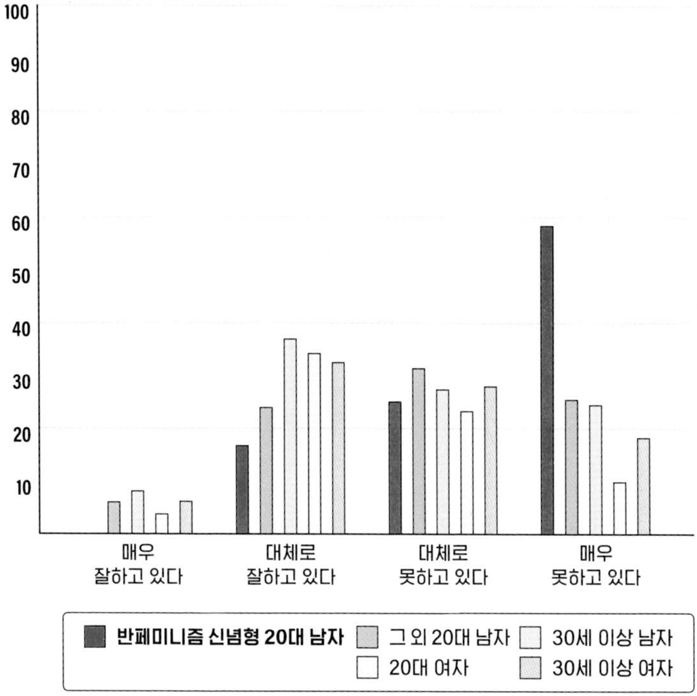


| | 매우 잘하고 있다 | 대체로 잘하고 있다 | 대체로 못하고 있다 | 매우 못하고 있다 | 모르겠다 |
|---|---|---|---|---|---|
| 반페미니즘 신념형 20대 남자 | 0.0 | 16.7 | 25.0 | 58.3 | 0.0 |
| 그 외 20대 남자 | 6.0 | 23.9 | 31.3 | 25.4 | 13.4 |
| 30세 이상 남자 | 8.1 | 36.9 | 27.3 | 24.4 | 3.2 |
| 20대 여자 | 3.7 | 34.1 | 23.2 | 9.8 | 29.3 |
| 30세 이상 여자 | 6.1 | 32.4 | 27.9 | 18.2 | 15.4 |

(단위: %)

기를 보여준다. 문재인 대통령 국정 운영 지지도인데, 신념형 20대 남자에서 국정 운영 지지도는 16.7%에 그쳤다. '매우 못함'이라는 단호한 응답도 58.3%나 된다. 이 신념형 20대 남자만으로 대통령 지지율 하락을 모두 설명할 수는 없다. 하지만 이 집단에서 지지 철회의 작동 원리가 가장 순수한 형태로 드러난 것이라면, 20대 지지율 하락도 그 연장선상에서 해석할 수 있다.

우리는 페미니즘에 대한 질문 여섯 개를 이용해, 페미니즘에 반대하는 마이너리티 정체성 20대 남자를 25.9%로 추정했다. 문항들을 분석한 결과, 이 25.9%는 젠더와 권력이 결합하는 문항에서 단호하게 반응했고, 그 양상도 일관성이 있었으며, 다른 집단들의 응답과는 분명하게 엇갈리는 흐름을 보여주었다. '정체성'이라는 강한 호명도 불가능하지 않다는 근거였다.

### 권력의 개입에 대한 강한 혐오

'공정' '경쟁' '저성장' '기회 축소'는 20대 남자 현상을 설명하는 데 중요한 토양이지만, 20대 남자 특유의 현상은 아니라는 사실도 확인됐다. 20대 남자는 공정에 민감하다. 하지만 모든세대·성별이 다 그렇다. 20대 남자는 경쟁을 좋은 것이라고 긍정한다. 하지만 모두들 그런다. 20대 남자는 기회가 축소되고 있다고 느낀다. 하지만 20대 여자도 마찬가지다. 토양이란 이런 의미다. 공정과 경쟁을 중요하게 생각하고, 권력이 결과에 인위적으로 개입하려는 시도를 혐오하면서, 기회가 줄어들고 있다고 느껴 소수자 보호에 덜 관대해지는 토양이다. 이 토양에 젠더와 권력의 조합이 씨앗으로 뿌려지자, 20대 남자들 사이에서 남성 마이너리티 정체성 집단이 공고한 블록을 형성했다. 이들을 핵심 동력으로 해서 20대 남자 현상은 꽃을 피운다.

우리는 1장에서 20대 남자 현상의 실체를 확인했고, 이번 장에서 그 현상의 핵심 동력과 작동 원리를 검토했다. 이제 마지막 질문이 남았다. 한국 사회는 왜 공정에 민감하고 경쟁에 호의적인가? 그것을 보편적 정서로 만들어낸 힘은 무엇이고, 그 결과는 무엇인가? 저성장은 어떤 힘으로 작동하는가? 기회가 줄어들면 사회는 어떻게 반응하는가? 그리고 왜 다른 문제가 아니라 젠더와 권력의 조합이 20대 남자를 움직이게 만들었나? 그러니까, 이 토양은 왜 형성되었고, 왜 하필 이런 꽃이 피었나?

이 답은 숫자 안에서만 구할 수 없다. 숫자와 이론이 둘 다 필요하다. 다음 장에서는 사회현상을 해석하고 설명해온 여러 이론의 도움을 받아 이 마지막 수수께끼에 도전한다. 이제 숫자 밖으로 나갈 차례다.

# 3장 20대 남자 현상은 왜 생겼나

천관율

1장 '20대 남자, 그들은 누구인가'에서 우리는 20대 남자 현상의 핵심이 '권력이 남성을 차별한다는 인식'이라고 지목했다. 2장 '반페미니즘 전사들의 탄생'에서는 이 20대 남자 현상의 엔진을 확인했다. 25.9%, 그러니까 네 명 중 한 명에 이르는 크고 강고한 '반페미니즘 정체성 집단'을 포착했다. 20대 남자 현상이라고 세간에 알려진 현상 대부분은 이들 강고한 정체성 집단이 주도했다. 이제 세 번째이자 마지막 이야기다. '무엇이'와 '어떻게'를 확인했으니, 남은 질문은 '왜'일 수밖에 없다.

"모르겠는데요."

분석을 총괄한 정한울 한국리서치 전문위원이 말했다. 아니 여기까지 와서?

"20대 남자 전체를 세대론으로 묶어서 보면, 반페미니즘 말고는 다른 세대와 차이를 보이는 항목이 많지 않습니다. 세대론으로 접근하면 답을 찾기 어려워요."

20대 남자들이 다른 세대·성별과 갈라지는 지점을 찾으려는 시도는 실패할 가능성이 높다. 유일한 예외는 페미니즘에 대한 단호한 반대와 강한 거부감이다. 그런데 그건 우리가 찾는 '이유'라기보다는, 다른 어떤 이유가 작동한 '결과'일 가능성이 더 높다.

### 세대론으로는 찾기 어려운 답

우리는 전략을 바꾸기로 했다. 20대 남자가 다른 세대·성별과 무엇이 다른지 물어보는 방식은 적절하지 않았다. 우리는 20대 남자 현상의 핵심 엔진을 25.9% 정체성 집단으로 특정했으므로, 이들이 왜 등장했나를 물어보는 것이 더 나은 접근법이다. 그리고 이들을 이해하면, 이들을 엔진으로 하는 20대 남자 현상을 설명할 수 있다.

우리는 208개 질문 문항을 짜면서, 20대 남자 현상을 설명할 가설을 최대한 집어넣었다. 정한울 전문위원이 통계 처리를 거쳐 기각할 가설과 검토할 만한 가설을 추렸다. 우리가 추린 가설들의 조합을 소개한다. 앞으로 볼 문항들은 반페미니즘 정체성과 통계적으로 한 덩어리로 움직일 가능성이 높다고 나온 것들이다.

표 3-1-1은 각 생애주기별로 남녀 중 어느 쪽이 더 유능하다고 생각하는지를 물은 결과다. 반페미니즘 정체성 20대 남성, 그러니까 25.9%의 답변만 따로 모아 그렸다. 이 정체성 집단은 초·중·고 교육과정과 대학 입시에서는 여성이 더 뛰어

[표 3-1-1] 반페미니즘 신념형 20대 남자가 보기에 어느 성별이 더 유능한가

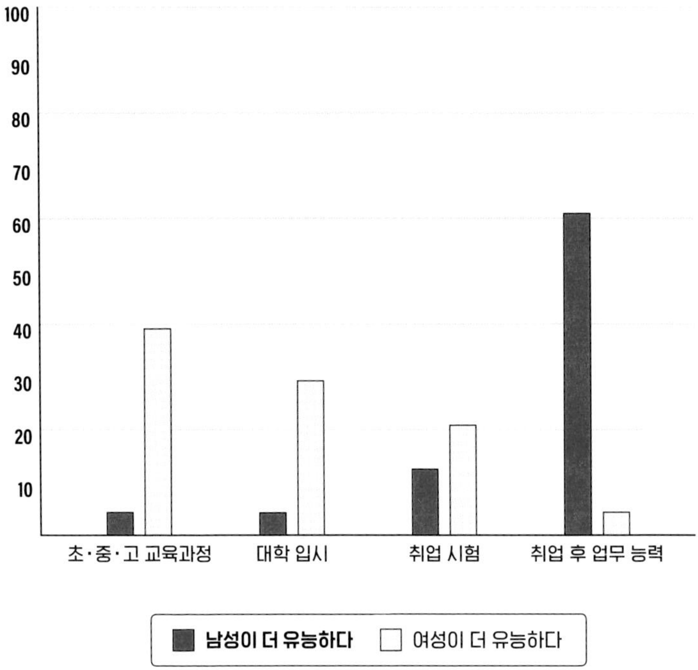


(단위: %)

| | 초·중·고 교육과정 | 대학 입시 | 취업 시험 | 취업 후 업무 능력 |
|---|---|---|---|---|
| 남성이 더 유능하다 | 4.3 | 4.2 | 12.5 | 60.9 |
| 여성이 더 유능하다 | 39.1 | 29.2 | 20.8 | 4.3 |

나다고 생각한다. 취업 시험에서도 약간이나마 그렇다. 하지만 취업 후 업무 능력과 사회생활에서는 남성이 압도적으로 더 유능하다고 본다.

표에서 주목해야 할 대목은 왼쪽이다. 초·중·고 교육과정에서 여성이 더 유능하다는 응답이 39.1%나 된다. 이건 그 외 20대 남자(28.4%)보다 훨씬 높고, 심지어 20대 여자(33.7%)보다도 높다(표 2-7-1). 대학 입시로 와도 이들 반페미니즘 정체성 집단은 29.2%가 여성의 손을 들어준다. 이것도 그 외 20대 남자(19.1%)나 20대 여자(23.5%)보다 높다.

## 생애 경험에서 주눅 들어 있는 그들

이 공고한 정체성 집단은 '여성'과 '유능'을 이어 붙이는 데 일관되게 반대한다. 하지만 교육과정만 놓고 보면 모든 세대·성별을 통틀어 여자를 가장 높이 평가하는 그룹이 이들이다. 취업 시험도 정도는 덜하지만 자신감 없기는 마찬가지다(여성 유능 20.8%, 남성 유능 12.5%, 표 3-1-1). 생애 경험이 충분히 축적된 영역(교육·입시·취업)에서 이들은 또래 여자들에게 거의 주눅 들어 있다.

교육과정에서 남자들이 또래 여자에 밀린다는 관찰은 역사가 길다. 남자아이의 부모는 내신 성적에서 밀릴 것을 걱정해 남녀공학을 기피한다. 2018학년도 수능 성적을 남녀로 나눠 분석한 한국교육과정평가원 자료를 보면, 국어·수학(나)·

[표 3-2-1] 연애와 결혼에서 어느 성별이 서로에게 이기적으로 구는가

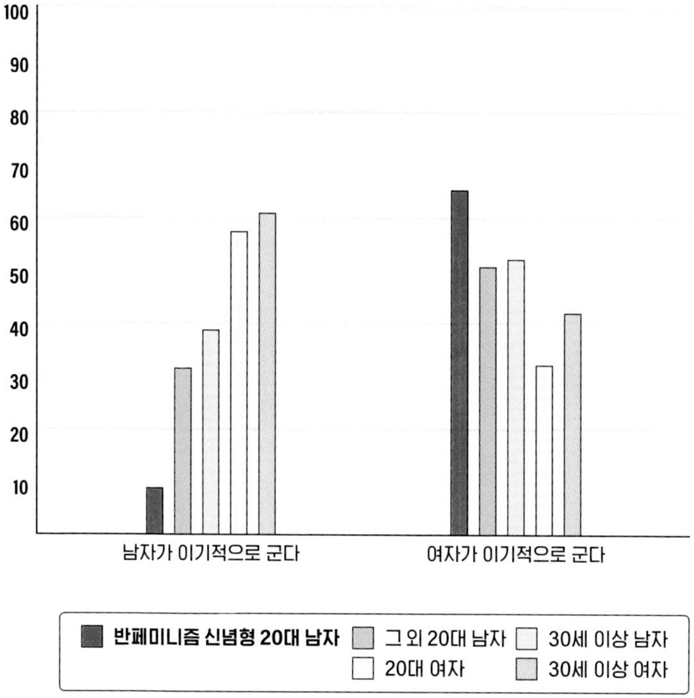


| | 남자가 이기적으로 군다 | 여자가 이기적으로 군다 |
|---|---|---|
| 반페미니즘 신념형 20대 남자 | 8.7 | 65.2 |
| 그 외 20대 남자 | 31.4 | 50.7 |
| 30세 이상 남자 | 38.7 | 52.1 |
| 20대 여자 | 57.3 | 32.1 |
| 30세 이상 여자 | 60.8 | 42.0 |

(단위: %)

영어에서 여학생 성적이 높았다. 수학(가)는 여학생 평균이 0.1점 높아서 사실상 같았다.

표 3-2-1은 짝짓기 시장에서 이들이 겪은 경험을 짐작하게 해준다. '연애와 결혼에서 남자가 여자에게 이기적으로 군다'와 '여자가 남자에게 이기적으로 군다'라는 문장을 각각 제시하고, 동의 여부를 물었다. 그 결과, 반페미니즘 정체성 집단은 남자의 이기심은 유난히 낮게 평가했고(8.7%), 여자의 이기심은 단연 높게 평가했다(65.2%). 데이트 경험에서 상대방 성별이 더 이기적이고 자신들이 더 헌신적이라고 믿는 건 어느 정도는 자연스럽다. 하지만 이들은 격차가 눈에 띄게 크다.

두 문항을 조합해 '짝짓기 상처 지수'를 만들어보자(표 3-2-2). '상대방 성별이 이기적이다' 응답률에서 '내 성별이 이기적이다' 응답률을 빼보았다. 차이를 한눈에 비교하기 좋다. 반페미니즘 정체성 집단의 '짝짓기 상처 지수'는 56.5다. 그 외 20대 남자는 19.3이다. 30세 이상 남자는 13.4다. 20대 여자는 25.2, 30세 이상 여자는 18.8이다.

### 25.9%에게서 발견되는 강한 피해의식

어떤 세대·성별보다도, 반페미니즘 정체성 집단은 짝짓기 시장에서 가장 상처받는 집단이다. 이들은 두 질문 모두에서 단연 튀는데, 자기 성별은 가장 이타적으로, 상대방 성별은 가장 이기적으로 평가했다. 즉, 이들은 연애·결혼 시장에서 상대에

[표 3-2-2] 짝짓기 상처 지수

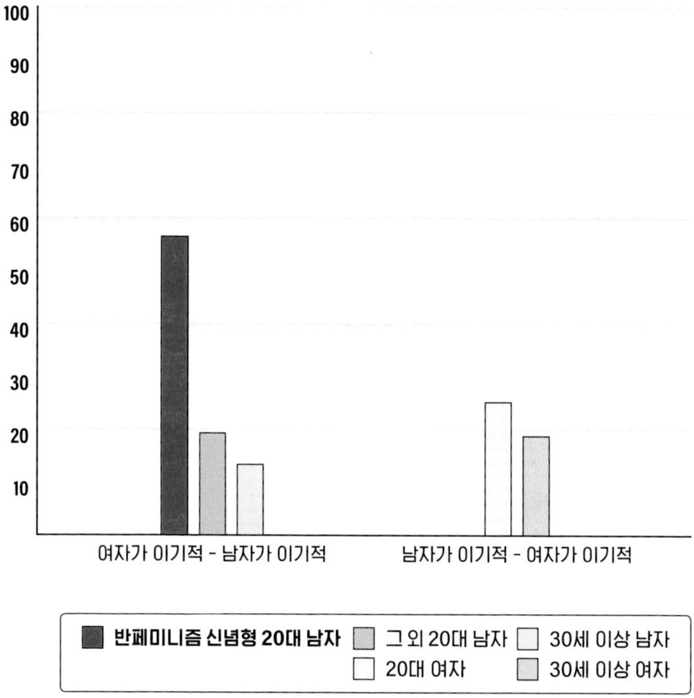


| | 여자가 이기적 | - | 남자가 이기적 | = | 상처 지수 |
|---|---|---|---|---|---|
| 반페미니즘 신념형 20대 남자 | 65.2 | - | 8.7 | = | 56.5 |
| 그 외 20대 남자 | 50.7 | - | 31.4 | = | 19.3 |
| 30세 이상 남자 | 52.1 | - | 38.7 | = | 13.4 |
| | 남자가 이기적 | - | 여자가 이기적 | = | 상처 지수 |
| 20대 여자 | 57.3 | - | 32.1 | = | 25.2 |
| 30세 이상 여자 | 60.8 | - | 42.0 | = | 18.8 |

대한 불신과 자기 긍정 둘 다 가장 강하다. 이러면 연애·결혼 시장에서 불만을 갖지 않기란 불가능에 가까워진다.

이들의 유난한 평가가 실제 현실대로라면, 기성세대 여자보다 지금 젊은 세대 여자가 더 이기적이 되고 동시에 기성세대 남자보다 지금 젊은 세대 남자가 더 이타적이 되는 과정이 동시에 일어났다는 의미다. 이들은 '남자가 이기적으로 군다'에 동의하는 비율도 기성세대 남자보다 훨씬 낮기 때문이다. 반대로 이들의 유난한 평가가 다른 세대·성별 대비 유난한 피해의식에서 나온 것이라면, 이 결과는 별다른 가정을 도입할 것 없이 잘 설명된다. 이들의 '짝짓기 상처 지수'가 현실을 반영한 결과인지 피해의식인지는 우리 조사만으로 확증하기 어렵다.

통계를 분석한 정한울 전문위원은 학창 시절 경험과 연애·결혼 시장의 경험이 이 집단의 반페미니즘 정체성을 형성한 후보들 중 하나라고 지목했다. 둘은 삶의 경험에서 20대 남성의 피해의식이 축적될 유력한 경로다. 이 피해의식을 민감하게 느끼는 남자일수록 반페미니즘 정체성 집단에 속할 가능성이 높다는 의미다.

### '개인 책임, 개인 보상'을 선호할수록

우리는 '한 팀으로 일을 했을 때 기여한 만큼 차등적으로 보상을 받는 것과 공평하게 받는 것 중 어느 쪽이 공정한가'를 물

[표 3-3-1] 한 팀으로 일했을 때 기여한 만큼 차등적으로 보상을 받는 것과 공평하게 받는 것 중 어느 쪽이 공정한가

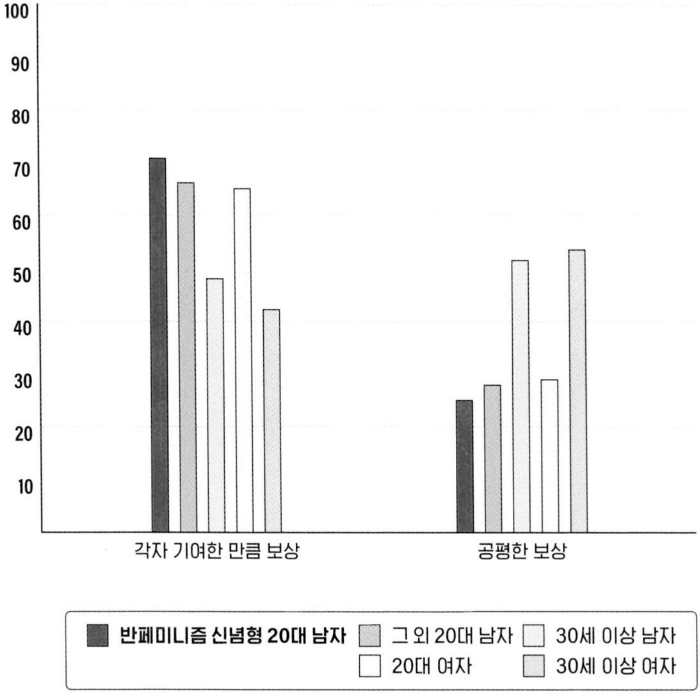


| | 각자 기여한 만큼 보상 | 공평한 보상 | 모르겠다 |
|---|---|---|---|
| **반페미니즘 신념형 20대 남자** | **70.8** | **25.0** | **4.2** |
| 그 외 20대 남자 | 66.2 | 27.9 | 5.9 |
| 30세 이상 남자 | 48.0 | 51.5 | 0.5 |
| 20대 여자 | 65.1 | 28.9 | 6.0 |
| 30세 이상 여자 | 42.2 | 53.5 | 4.2 |

(단위: %)

었다(표 3-3-1). 무엇을 공정하다고 판단하는지를, 즉 공정에 대한 감각을 물은 것이다. 통계 분석 결과 이 문항이 반페미니즘 정체성과 이어질 가능성이 있다고 나왔다.

지난 장에서 우리는 '공정을 중시하는 감각'은 20대 남자의 전유물이 아니라 전 세대·성별에 공통된 속성이라는 사실을 보였다. 그런데 '무엇이 공정인가'를 물으면 상황이 달라진다. 20대 남자는 '차등 보상'을 더 선호했다. 30세 이상 남자는 20대보다는 '공평 보상' 쪽으로 더 가서 두 응답이 팽팽했다. 우리의 주요 분석 대상은 아니지만, 30세 이상 남자 중에서도 반페미니즘 정체성 집단은 분명하게 차등 보상을 선호했다(61.3%).

이 질문에는 20대 여자도 65.1%가 차등 보상을 선호했다. 30세 이상 여자는 공평 보상으로 쏠렸다(53.5%). 무엇이 공정한지를 판단하는 감각은 성별보다는 세대로 갈린다. 20대는 한 팀으로 수행한 프로젝트에서도 개인별 성과 평가를 선호한다. 공동 책임의 원리는 20대에서는 남녀를 불문하고 인기가 없다.

'개인 책임, 개인 보상'의 원리가 남자라는 성별과 만나면 재미있는 화학작용이 벌어진다. 개인 책임, 개인 보상을 선호하는 성향은, 남자들 중 반페미니즘 정체성을 예측하는 지표로도 잘 작동한다. 왜 그런가? 표 3-3-2부터 표 3-3-4까지를 보면 단서가 있다. 우리는 '취업 시 여성 할당 정책에 동의하

[표 3-3-2] 취업 시 여성 할당 정책에 동의하는가

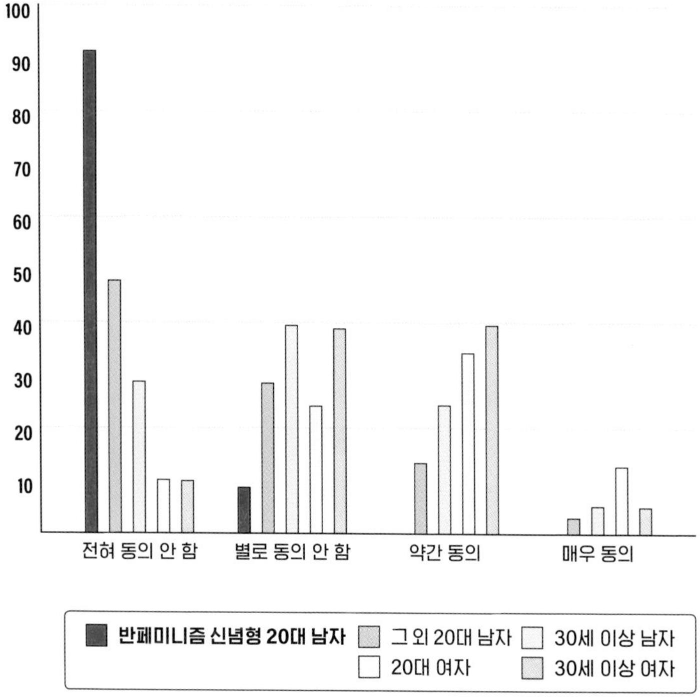


(단위: %)

| | 전혀 동의 안 함 | 별로 동의 안 함 | 약간 동의 | 매우 동의 | 모르겠다 |
|---|---|---|---|---|---|
| 반페미니즘 신념형 20대 남자 | 91.3 | 8.7 | 0.0 | 0.0 | 0.0 |
| 그 외 20대 남자 | 47.8 | 28.4 | 13.4 | 3.0 | 7.5 |
| 30세 이상 남자 | 28.7 | 39.4 | 24.3 | 5.2 | 2.5 |
| 20대 여자 | 10.1 | 24.1 | 34.2 | 12.7 | 19.0 |
| 30세 이상 여자 | 9.9 | 38.8 | 39.5 | 5.0 | 6.9 |

는지'를 물었다. 반페미니즘 정체성 집단은 100%가 '동의하지 않는다'고 답했다(표 3-3-2). '전혀 동의 않는다'는 강경 응답만 91.3%다. 이들에게 '취업 시 여성 할당제'는 불의와 불공정의 상징이다.

반전이 있다. '육아로 인한 경력 단절 여성 지원과 보상 정책에 동의하는지'도 물어봤다(표 3-3-3). 반페미니즘 정체성 집단이 단호한 여성 혐오 집단이라면 '여성을 위하는 정책이라면 덮어놓고 반대할 것'이라고 예측할 수 있다. 실제로는 그렇지 않다. 이 문장에는 정체성 집단 중 64.0%가 동의했다.

### '덮어놓고 여성 혐오'는 아닙니다만

표 3-3-3은 이 시리즈 전체에서도 손꼽히게 튀는 그래프다. 여성 우대 문제만 나오면 전체 여론과는 정반대 방향으로 내달리던 정체성 집단이, 여기서는 다른 남자들의 여론과 처음으로 겹쳤다. 이들의 동력이 '덮어놓고 여성 혐오'라는 가설에는 표 3-3-3이 중요한 반례가 된다. 이들은 맹목적이지 않다. 기준을 세워 상황에 따라 판단한다. 다만 그 기준이 보통의 남자들과 다르다.

그 '다른 기준'이란 무엇인가. 핵심은 '책임 소재가 어디에 있는가'로 갈린다. 출산과 육아로 인한 경력 단절은 어떤 기준으로 보아도 여성의 잘못이라고 주장하기 어렵다. 이것은 여성이 사회적·생물학적으로 진 짐이다. 지원과 보상은 정당하

[표 3-3-3] 육아로 인한 여성의 경력 단절에 대한 지원과 보상 정책에 동의하는가

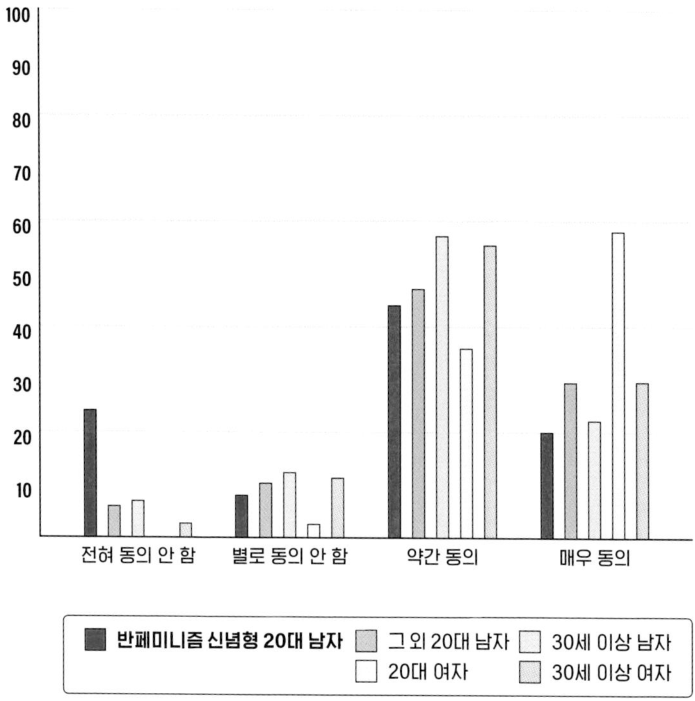


(단위 : %)

| | 전혀 동의 안 함 | 별로 동의 안 함 | 약간 동의 | 매우 동의 | 모르겠다 |
|---|---|---|---|---|---|
| **반페미니즘 신념형 20대 남자** | **24.0** | **8.0** | **44.0** | **20.0** | **4.0** |
| 그 외 20대 남자 | 5.9 | 10.3 | 47.1 | 29.4 | 7.4 |
| 30세 이상 남자 | 6.9 | 12.3 | 57.1 | 22.2 | 1.5 |
| 20대 여자 | 0.0 | 2.5 | 35.8 | 58.0 | 3.7 |
| 30세 이상 여자 | 2.6 | 11.3 | 55.4 | 29.5 | 1.2 |

다. 반대로 책임이 자기 안에 있다면 그것은 개인이 감당할 일이다. 이럴 때는 국가가 뭔가를 보장해준다면 불공정하다.

이런 구분, 책임 소재가 그 사람 내부인지 외부 환경인지를 구분하는 사고방식은 대부분 사람들이 갖고 있다. 사회심리학은 이런 걸 '귀인'이라고 부른다. 원인이 내부와 외부 중 어디로 귀착되느냐를 따진다는 의미다. 내부면 본인 책임이다. 외부면 도와야 한다. 아주 간명하고 알기 쉬운 아이디어다. 반페미니즘 정체성 집단의 그래프조차 보통의 남자들과 겹치게 만들 만큼 자명해 보인다.

그런데 사실은 그렇지 않다. 내부냐 외부냐를 가르는 경계선을 판단하는 건 쉬워 보이지만 매우 어렵다. 사람들은 대체로 남의 행동을 설명할 때는 외부 환경 요인을 과소평가하고, 그 사람의 내재적 특성 때문이라고 과하게 믿는 경향이 있다. 사회심리학에는 '기본 귀인 오류'로 널리 알려져 있는 개념이다. 세계적인 사회역학자 리처드 윌킨슨은 최근작 『불평등 트라우마』에서 이렇게 썼다. "환경의 힘을 무시하고, 가난한 사람은 게으르고 멍청해서 가난하다고 간주하는 경향이 대표적인 기본 귀인 오류다. 이것이 바로 '편견'의 정의라고 볼 수 있다."

### AIDS 환자를 정부가 도와야 할까

내부 원인이면 본인이 책임지고, 외부 원인이면 돕는데, 그 내부와 외부를 가르는 경계를 가혹하게 잡는다면 어떤 일이 일어날까? 다시 말해, 환경과 사회 구조의 힘을 고려해주지 않고 그 사람의 내재적 특성 탓("게으르고 멍청해서 가난해")을 하는 경향이 강해지면 어떻게 될까. 명백히 외부에 해당하는 극소수 사례(육아 경력 단절)를 제외하면, 모든 문제가 내부로 간주된다. 그러면 모든 우대 정책이 부당하고 불의한 것이 된다.

일리노이대학 심리학과의 린다 스킷카 등 연구자들은 2002년 논문 「Dispositions, Scripts, or Motivated Correction?」에서 흥미로운 실험을 보고한다. 후천성 면역결핍증(AIDS) 환자의 치료비를 공공이 도와야 할까? 여기에도 귀인 문제가 개입한다. 보수 성향 응답자들은 그 환자가 성폭행이나 수혈 등 외부 원인으로 감염이 되었을 때는 돕는 데 찬성하지만, 동성애 등 자신의 선택으로 감염되었을 때는 반대하는 경향을 보인다. 그런데 진보적인 응답자들은 자신의 책임으로 감염된 환자들도 도와야 한다는 응답이 보수적 응답자보다 많았다. AIDS에 걸리고 싶어서 성생활을 하는 사람은 없다. 환경과 사회적 맥락을 고려해 '외부' 귀인을 넓게 잡아주는 것이다.

하이라이트는 그다음이다. 실험자들은 응답자에게 실험실에서 나는 소리를 듣고 높낮이를 판단하는 과제를 주었다. 질문과 상관없는 일에 신경을 쓰도록 주의를 분산시킨 것이다. 응답자들은 그 과제를 하면서 동시에 같은 질문에 답을 했다. 그러자 보수·진보 양쪽 다 '공공의 치료비 보조에 반대'

응답이 올라갔다. 더 의미심장하게도 진보적 응답자들의 반대 응답이 더 많이 올라서 보수파와 차이가 없어졌다. 공정의 문제를 판단할 때 다른 과제로 인지 부담을 주면, 응답자들이 덜 섬세해지고 더 단호해진다.

게임 이론과 진화경제학 연구자인 최정규 교수(경북대 경제학과)는 이렇게 설명했다. "경제학의 시조인 애덤 스미스가 18세기부터 강조한 얘기가 있다. 공정성을 판단하는 건 앞뒤 맥락을 섬세하게 고려해야 하는 작업이다. 역지사지도 해보고, 상대 입장에 서보고, 다른 사람의 처지를 상상해야 한다. 이게 원래 뇌에 부담이 큰 작업이다. 그래서 다른 과제로 인지 부담을 주면 결과가 달라지는 것이다." 이 부담을 덜려면, 섬세함을 덜어내고 일관되게 가혹한 판단을 하면 된다.

이제 표 3-3-4를 보자. '여성 고위직 비율 확대 정책에 동의하는지'를 물었다. 우리가 알던 익숙한 그래프 형태로 돌아간다. 한국 사회에서 고위직 여성이 부족한 이유는 여성 내부에 있나 외부에 있나? 외부, 즉 성차별과 유리천장에 있다고 믿는 사람들은 국가 정책으로 여성 고위직을 늘릴 수도 있다고 생각한다. 30세 이상 남자들은 '약간 동의'가 가장 많이 나온다(여자들은 단호하게 동의한다). '내부', 그러니까 여성 자신의 능력이 이유라고 믿는 사람들은 국가 개입이 불공정하다고 믿는다. 반페미니즘 정체성 집단은 '동의 안 함' 79.2%로 단연 튄다.

[표 3-3-4] 여성 고위직 비율 확대 정책에 동의하는가

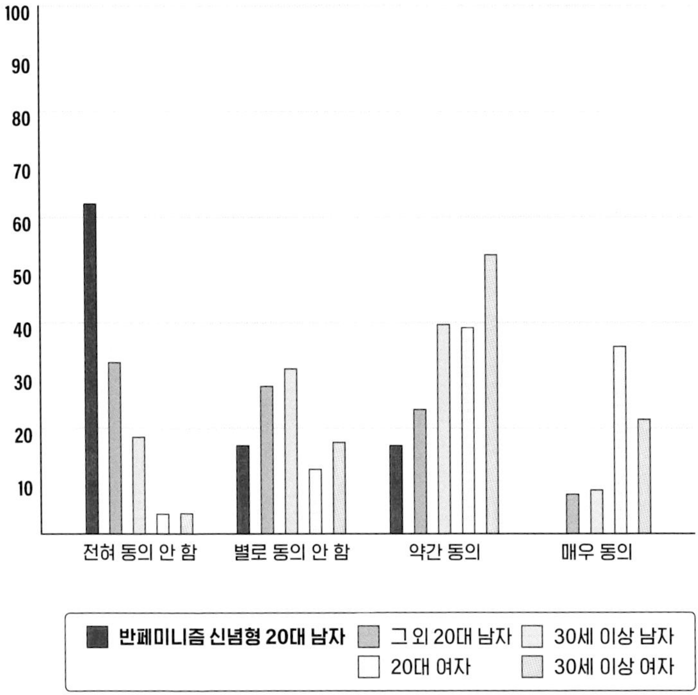


(단위: %)

| | 전혀 동의 안 함 | 별로 동의 안 함 | 약간 동의 | 매우 동의 | 모르겠다 |
|---|---|---|---|---|---|
| **반페미니즘 신념형 20대 남자** | **62.5** | **16.7** | **16.7** | **0.0** | **4.2** |
| 그 외 20대 남자 | 32.4 | 27.9 | 23.5 | 7.4 | 8.8 |
| 30세 이상 남자 | 18.3 | 31.2 | 39.6 | 8.2 | 2.7 |
| 20대 여자 | 3.7 | 12.2 | 39.0 | 35.4 | 9.8 |
| 30세 이상 여자 | 3.8 | 17.3 | 52.8 | 21.6 | 4.5 |

이제 표 3-3-2와 표 3-3-3이 다른 이유도 분명해진다. 취업에 실패하는 이유는 여성 내부에 있다고 믿는 남자들이 단연 많다. 그래서 표 3-3-2는 왼쪽으로 쏠린다. 경력 단절이 일어나는 이유는 여성 외부에 있다고 남자들도 믿는다. 그래서 표 3-3-3은 오른쪽으로 쏠린다. 표 3-3-4는 둘의 사이에 있다. 여성 고위직이 부족한 이유가 외부에 있다고 믿는 30세 이상 남자는 오른쪽으로, 내부라고 믿는 20대 남자는 왼쪽으로 엇갈린다.

반페미니즘 정체성 집단은 여성에게 덮어놓고 가혹하다기보다는, 도움을 받을 자격에 가혹하다. 그러니까 책임이 내부인지 외부인지를 결정하는 경계선이 깐깐하다는 점에서 분명하고 지속적인 차이를 보여준다.

표 3-3-1은 이런 깐깐함이 20대에서 남녀 불문 나타난다고 암시한다. 20대 여자도 기성세대 여자와는 다른 미묘한 차이를 드러낸다. 그런데 남자는 페미니즘이라는 주적, 경계를 깐깐하게 긋는 태도를 켜기 좋은 주적이 있다. 먼저 폭발하기 좋은 환경을 만났다.

조사 결과를 접한 임동균 교수(서울대 사회학과)는 흥미로운 설명을 내놓았다. "우리뿐만 아니라 선진국들에서 이른바 밀레니얼 세대(현재 20~40세를 대략 아우르는 이름)에게 가장 중요한 가치관이 공정성과 약자 보호다. 그런데 이게 공정성을 기성세대보다 더 강조한다기보다는 그거 말고 나머지 사회규범들, 암묵적이거나 무의식적으로 작동하던 규범들이 줄줄이 해체되어서 그렇다. 공정성 외의 나머지 가치 잣대가 전부 흩어지는 바람에 공정성 잣대 하나가 증폭된다. 경계선(귀인 판단)이 가혹해지는 경향은 밀레니얼의 이런 세대적 특성도 있고, 20대가 복잡한 사회생활 경험이 많지 않아서 생기는 '연령 효과'도 있을 것이다. 둘 중 어느 힘이 더 주된 것인지는 시간을 두고 관찰해볼 문제다."

### '맥락이 제거된 공정'의 등장

개인의 능력이나 노력 문제처럼 보이는 것들이 알고 보면 사회구조와 환경의 영향일 수 있다. 지능, 학습 능력, 사회성 등 명백히 타고나는 것으로 보이는 능력들조차 그렇다. 그런 맥락을 무시하고 웬만한 귀인을 다 내부로 간주해버리는 건 쉽고 편하다. '가난한 사람은 게으르고 멍청해서 그렇다'라고 간주하는 데는 섬세함이 필요 없다. 공정성이라는 단일 잣대만 살아남으면 이 경계선이 유난히 가혹해지게 된다.

이렇게 해서 우리는 납작한 공정, '맥락이 제거된 공정'을 마주한다. 맥락도 구조도 증발한 채, 사실의 조각 몇 개가 '팩트 폭행'이라는 찬사를 받으며 온라인 공간에서 끊임없이 복제된다. 그래서 팩트 폭행은 우리 시대를 상징할 만한 유행어다. 이 말이야말로 역설적으로 '맥락이 제거된 공정'의 시대를 증언한다. '역지사지도 해보고, 상대 입장에 서보고, 다른 사람의 처지를 상상하는, 앞뒤 맥락을 섬세하게 고려하는 작업'이 설 자리가 사라진다.

## 병목 사회의 딜레마

통계 분석은 또 한 번 의외의 문항과 반페미니즘 정체성 집단을 엮는다. 경쟁에 대한 태도가 그것이다. 표 3-4-1을 보자. '경쟁의 승자가 더 많은 몫을 가져가는 것은 당연하다'라는 문장을 주고 찬반 의견을 물었다. 반페미니즘 정체성 20대 남자 집단은 87.0%가 찬성해서 단연 높다. 즉, 경쟁 원리를 긍정하고 수용하는 성향이 강하다. 여기에 찬성하는 비율이 반페미니즘 정체성과 관계가 있다고 분석됐다.

그런데 표 3-4-2는 의외의 결과를 보여준다. 경쟁 원리를 수용하는 성향이 높은 정체성 집단이, 경쟁을 활력소가 아니라 피로의 근원으로 보는 성향도 가장 높다. 이런 묘한 관계는 경쟁에 대한 설문 전반에서 비교적 일관되게 등장한다. 반페미니즘 정체성 집단은 경쟁이 삶의 질을 악화시킨다고 생각하지만, 동시에 경쟁이 사회 발전의 원동력이라고 본다. 한국에서 경쟁의 결과는 공정하게 평가받지 못하다고 본다. 그런데도 경쟁에서 탈락한 사람은 '운보다는 실력' 문제라고 본다. 이런 모순은 반페미니즘 정체성 집단이 가장 뚜렷하기는 하지만, 다른 세대·성별도 비슷하다. 즉, 사람들은 경쟁에서 벗어나고 싶어 하면서도 과도하게 몰입한다. 두 가지 질문이

[표 3-4-1] 경쟁의 승자가 더 많은 몫을 가져가는 것은 당연하다

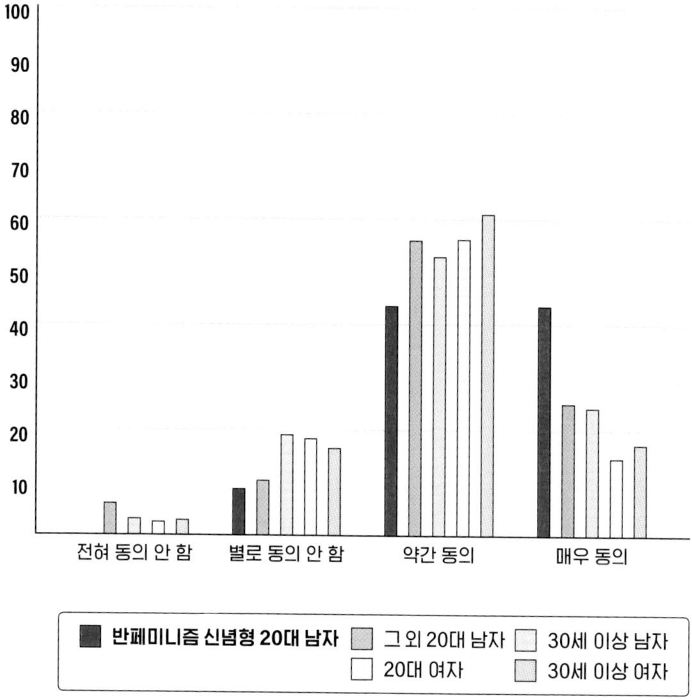


| | 전혀 동의 안 함 | 별로 동의 안 함 | 약간 동의 | 매우 동의 | 모르겠다 |
|---|---|---|---|---|---|
| **반페미니즘 신념형 20대 남자** | **0.0** | **8.7** | **43.5** | **43.5** | **4.3** |
| 그 외 20대 남자 | 5.9 | 10.3 | 55.9 | 25.0 | 2.9 |
| 30세 이상 남자 | 3.0 | 19.0 | 52.8 | 24.2 | 1.0 |
| 20대 여자 | 2.4 | 18.3 | 56.1 | 14.6 | 8.5 |
| 30세 이상 여자 | 2.8 | 16.5 | 60.9 | 17.2 | 2.6 |

(단위: %)

[표 3-4-2] 경쟁은 당신을 피로하게 만드나, 활력소가 되게 만드나

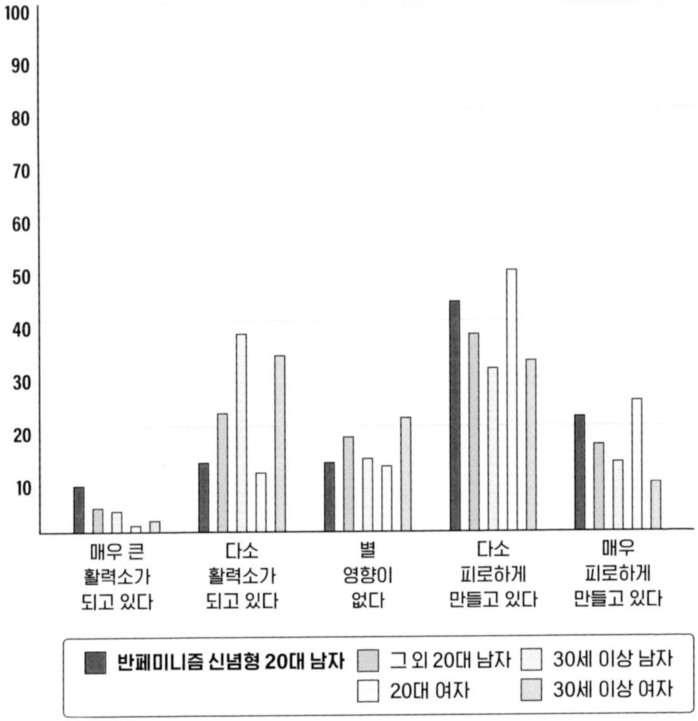


(단위: %)

| | 매우 큰 활력소가 되고 있다 | 다소 활력소가 되고 있다 | 별 영향이 없다 | 다소 피로하게 만들고 있다 | 매우 피로하게 만들고 있다 | 모르겠다 |
|---|---|---|---|---|---|---|
| **반페미니즘 신념형 20대 남자** | **8.7** | **13.0** | **13.0** | **43.5** | **21.7** | **0.0** |
| 그 외 20대 남자 | 4.5 | 22.4 | 17.9 | 37.3 | 16.4 | 1.5 |
| 30세 이상 남자 | 3.9 | 37.4 | 13.8 | 30.8 | 13.1 | 1.0 |
| 20대 남자 | 5.6 | 20.0 | 16.7 | 38.9 | 17.8 | 1.0 |
| 20대 여자 | 1.2 | 11.1 | 12.3 | 49.4 | 24.7 | 1.2 |
| 30세 이상 여자 | 2.1 | 33.3 | 21.5 | 32.3 | 9.2 | 1.7 |

떠오른다. 첫째, 왜 이런 모순적인 태도가 나올까. 둘째, 이게 20대 남자 현상과 무슨 상관일까.

두 질문에 동시에 답해줄 수 있는 논리를 정치철학자 조지프 피시킨이 제공한다. 책 『병목 사회』에서 피시킨은 '전사 사회'라는 비유를 든다. 일종의 원시부족 사회인 전사 사회에서, 좋은 직업은 오로지 전사 하나뿐이다. 전사가 되어야만 부와 명예를 누릴 수 있다. 아이가 성인이 되는 해에 치르는 전사 시험은 완벽하게 공정하다. 그렇다면 이 사회는 공정할까? 피시킨은 그렇지 않다고 말한다. 이런 사회는 기회 자체의 종류가 지나치게 제약되어 있다. 전사가 아닌 다른 재능은 쓸모없고, 아이들의 소망과 목표는 자신의 뜻과 무관하게 전사가 되는 것 하나로 강요된다.

### 전사만 떠받드는 사회의 비극

전사 시험은 그것이 아무리 공정하다 할지라도 사회 전체를 과몰입시킨다. 경쟁은 과열되고, 자원이 낭비되고, 원하지 않는 경쟁에 내몰리는 아이들이 쏟아진다. 그럼에도 지원자들은 전사 시험을 통과하는 데 집중하고, 시험의 가치를 기를 쓰고 긍정한다. 그게 유일한 통로라서다. 이것이 피시킨이 '병목'이라고 부르는 원리다. 이런 사회는 구조적으로 공정할 수 없다. 통과하는 병목이 아무리 공정하게 관리되더라도, 병목 이전과 병목 이후를, 섬세한 의미로 '공정'하게 만들 방법이 없기 때문이다. 전사 사회는 지적 유희로 그치지 않는다. 중요한 시험 하나로 삶의 경로가 결정 나는 나라는 현 시대에도 많다. 피시킨은 이걸 '중요한 시험 사회'라고 부른다. 전사 사회의 현실판이다.

피시킨의 병목 사회 모델은, 우리 조사가 보여주는 모순, 경쟁에 대한 긍정과 피로가 동시에 일어나는 모순을 병목과 과몰입으로 잘 설명해준다. 중요한 시험 사회에서는 병목에 대한 몰입·긍정·추종과 피로·과부하가 동시에 나타난다. 한국 사회는 고도성장기 내내 '중요한 시험' 사회였다. 대입 시험, 사법고시 등이 '중요한 시험'의 상징으로 작동했다. 경쟁에 대한 태도에 세대별 차이가 크지 않은 이유가 이것으로 설명된다. 그리고 이 중요한 시험 사회를 거쳐간 아이들이 성인이 되어 경쟁에 강한 몰입감을 보여준다. 자연스럽다. 그리고 이 가치를 훼손하거나 우회하려 든다고 간주되는 어떤 시도든 적대감을 드러낸다. 이것도 자연스럽다.

표 3-5-1을 보자. '한국에서는 한 번 실패하면 재기가 어렵다'라는 문장에 반페미니즘 정체성 집단은 두드러지게 강한 동의를 표했다. 한국 사회의 구조를 강한 병목 구조로 본다는 징후다. 이런 조건에서, 경쟁의 가치에 개입하려는 외부의 시도는 그게 무엇이든 핵심 가치를 훼손하는 시도다. 이것을 흔들려는 시도는 대단한 저항에 부딪혀야만 했다. 그리고 페미니즘은 바로 그런 기획으로 간주된다.

[표 3-5-1] 한국에서는 한 번 실패하면 재기가 어렵다

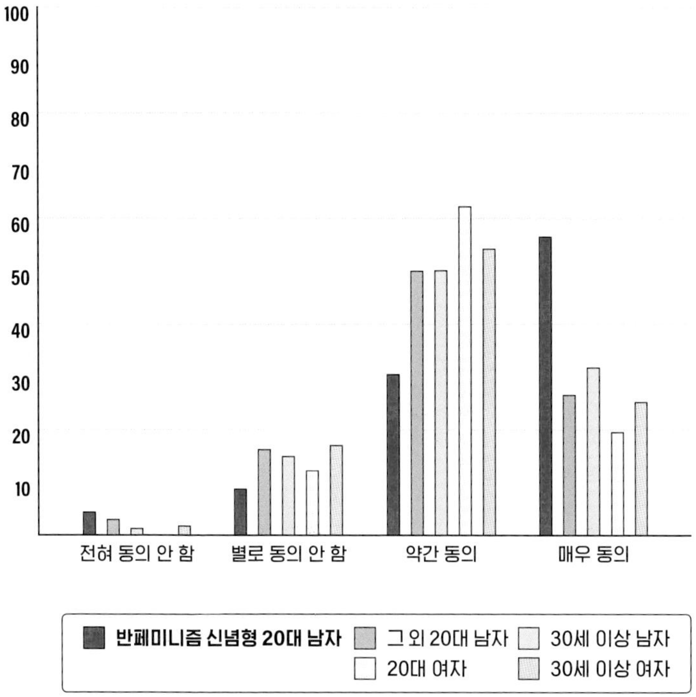


| | 전혀 동의 안 함 | 별로 동의 안 함 | 약간 동의 | 매우 동의 | 모르겠다 |
|---|---|---|---|---|---|
| **반페미니즘 신념형 20대 남자** | **4.3** | **8.7** | **30.4** | **56.5** | **0.0** |
| 그 외 20대 남자 | 2.9 | 16.2 | 50.0 | 26.5 | 4.4 |
| 30세 이상 남자 | 1.2 | 14.9 | 50.5 | 31.7 | 1.7 |
| 20대 여자 | 0.0 | 12.2 | 62.2 | 19.5 | 6.1 |
| 30세 이상 여자 | 1.7 | 17.0 | 54.2 | 25.2 | 1.9 |

(단위: %)

[표 3-5-2] 부모 세대에서 여성 차별은 심각했다

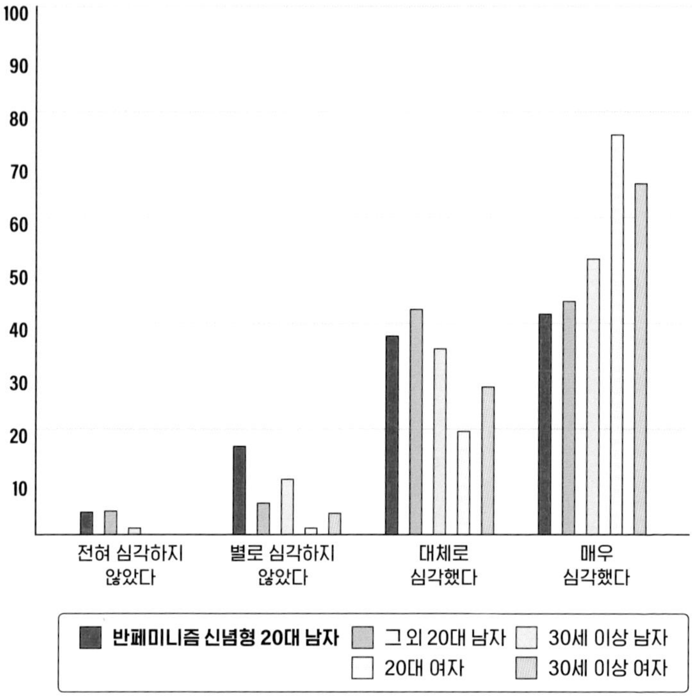


| | 전혀 심각하지 않았다 | 별로 심각하지 않았다 | 대체로 심각했다 | 매우 심각했다 | 모르겠다 |
|---|---|---|---|---|---|
| 반페미니즘 신념형 20대 남자 | 4.2 | 16.7 | 37.5 | 41.7 | 0.0 |
| 그 외 20대 남자 | 4.4 | 5.9 | 42.6 | 44.1 | 2.9 |
| 30세 이상 남자 | 1.2 | 10.4 | 35.1 | 52.1 | 1.2 |
| 20대 여자 | 0.0 | 1.2 | 19.5 | 75.6 | 3.7 |
| 30세 이상 여자 | 0.0 | 4.0 | 27.9 | 66.4 | 1.7 |

(단위: %)

'20대 남자, 그들은 누구인가' 기사가 온라인에 공개됐을 때, 포털 사이트에서 추천을 많이 받은 댓글 중 하나는 이렇다. "구시대 남자가 얻은 기득권을 젊은 세대는 경쟁해서 얻어야 하니 상대적으로 불공평하다고 느끼겠지. 구시대 남자들에 비해 의무는 늘고 권리는 줄어들었다고 느끼는 거야." 우리의 마지막 주인공인 세대론이다.

세대론은 반페미니즘 정체성을 작동시키는 중요한 변수다. 20대 남자들은 부모 세대에서 여성 차별이 심각했다는 데 이견이 없다. 반페미니즘 정체성 집단조차도 79.2%가 이에 동의한다. 기성세대 남자는 권리를 누렸다. 하지만 20대는 이중으로 권리를 박탈당한다고 이들은 느낀다. 남자의 기득권과 고도성장 세대의 기득권이 동시에 사라진다.

이것은 세대 계약의 붕괴로 드러난다. 반페미니즘 정체성 집단은 '나는 부모 세대보다 기회를 더 많이 얻을 것이다'라는 문장에 73.9%가 '그렇지 않다'고 답했다(표 3-5-3). '기성세대가 젊은 세대의 기회를 열어주려 하나, 빼앗으려 하나'라는 질문에는 69.6%가 '빼앗으려 한다'라고 답했다(표 3-5-4).

### 세대 계약이 무너지다

세대 계약을 불신할수록 반페미니즘 정체성도 강하다. 이를 단적으로 보여주는 결과가 표 3-5-5다. '내가 낸 국민연금은 어차피 못 돌려받는다'라는 문장에 반페미니즘 정체성 집단의

[표 3-5-3] 나는 부모 세대보다 기회를 더 많이 얻을 것이다

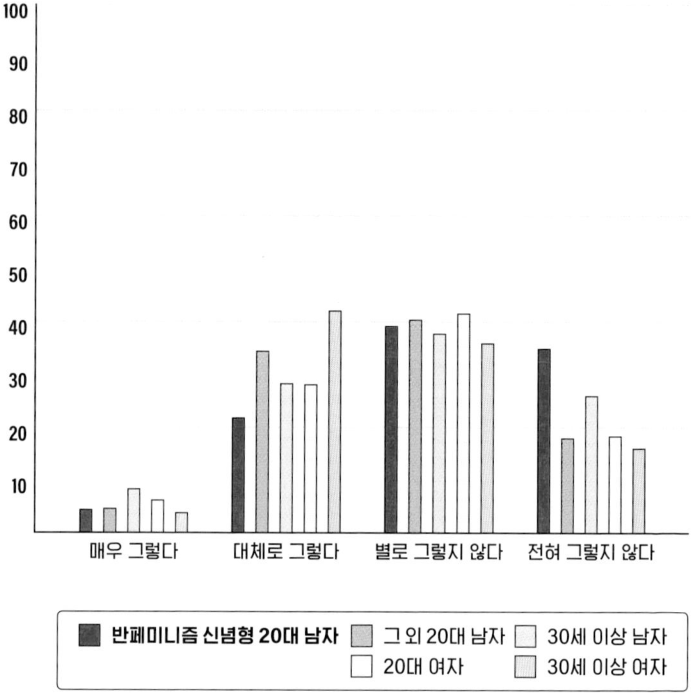


| | 매우 그렇다 | 대체로 그렇다 | 별로 그렇지 않다 | 전혀 그렇지 않다 | 모르겠다 |
|---|---|---|---|---|---|
| **반페미니즘 신념형 20대 남자** | **4.3** | **21.7** | **39.1** | **34.8** | **0.0** |
| 그 외 20대 남자 | 4.5 | 34.3 | 40.3 | 17.9 | 3.0 |
| 30세 이상 남자 | 8.2 | 28.2 | 37.6 | 25.9 | 0.0 |
| 20대 여자 | 6.1 | 28.0 | 41.5 | 18.3 | 6.1 |
| 30세 이상 여자 | 3.7 | 42.0 | 35.8 | 16.0 | 2.5 |

(단위: %)

[표 3-5-4] 기성세대가 젊은 세대의 기회를
열어주려 하나, 빼앗으려 하나

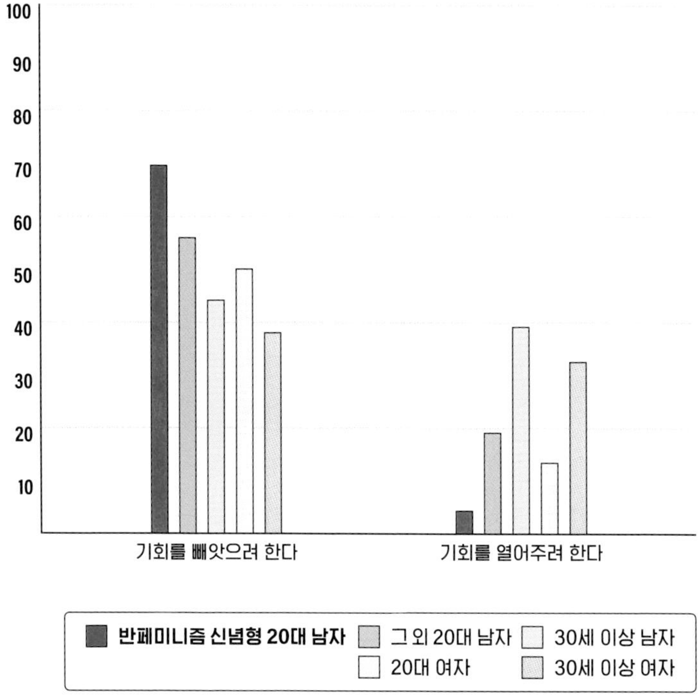


(단위: %)

| | 기회를 빼앗으려 한다 | 기회를 열어주려 한다 | 모르겠다 |
|---|---|---|---|
| 반페미니즘 신념형 20대 남자 | 69.6 | 4.3 | 26.1 |
| 그 외 20대 남자 | 55.9 | 19.1 | 25.0 |
| 30세 이상 남자 | 44.1 | 39.1 | 16.8 |
| 20대 여자 | 50.0 | 13.4 | 36.6 |
| 30세 이상 여자 | 38.0 | 32.5 | 29.5 |

82.6%가 동의했다(표 3-5-5). 이들은 기성세대가 자신들의 기회를 빼앗고 있고, 자신들은 기성세대를 부양하나 그것을 후속 세대에게 돌려받을 일은 없다고 생각한다. 인구구조가 감소 추세로 들어섰다는 사실이 이 공포를 뒷받침한다.

이렇게 해서 '이중의 착취'가 발생한다. 기성세대에 의한 착취와 여성에 의한 착취가 동시에 쏟아진다고 느끼는 이들이 강고한 정체성 집단으로 뭉친다. 이렇게 보면 우리가 써왔던 '남성 마이너리티 정체성'은 틀린 표현은 아니지만 부족하다. '젊은 남성 마이너리티 정체성'이라고 써야 제대로 된 표현이다. 이 이중 마이너리티라는 현실에서 기성세대 남성의 점잖은 훈계는 먹혀들지 않는다. 이것은 남녀 갈등인 동시에 세대 갈등이기도 한데, 이 전선에서 기성세대 남성은 애초에 이들의 편이 아니다.

이렇게 해서 우리는 한 바퀴를 돌았다. 우리 조사는 반페미니즘 정체성 20대 남성의 특수성을 몇 가지로 추려낼 수 있다고 제안한다. 이들은 또래 여자에게 위축되거나 피해의식을 가졌을 개연성이 있다. 초·중·고 교육과정이나 입시 경쟁에서, 또 데이트 시장에서 '피해의 경험'을 공유한다. 사실이든 허위든 이것이 정체성의 원재료일 수 있다. 이들은 공정을 중요하게 생각한다는 점에서는 특별하지 않다. 이들은 공정 그 자체 외에 다른 잣대를 거의 사용하지 않는다는 점에서 특별하다.

[표 3-5-5] 내가 낸 국민연금은 어차피 못 돌려받는다

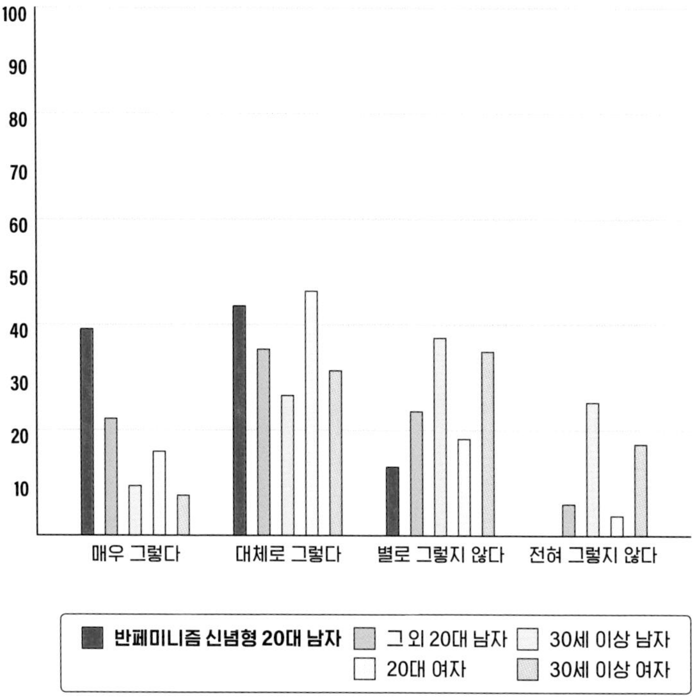


(단위: %)

| | 매우 그렇다 | 대체로 그렇다 | 별로 그렇지 않다 | 전혀 그렇지 않다 | 모르겠다 |
|---|---|---|---|---|---|
| 반페미니즘 신념형 20대 남자 | 39.1 | 43.5 | 13.0 | 0.0 | 4.3 |
| 그 외 20대 남자 | 22.1 | 35.3 | 23.5 | 5.9 | 13.2 |
| 30세 이상 남자 | 9.4 | 26.5 | 37.4 | 25.2 | 1.5 |
| 20대 여자 | 15.9 | 46.3 | 18.3 | 3.7 | 15.9 |
| 30세 이상 여자 | 7.6 | 31.2 | 34.8 | 17.3 | 9.2 |

[표 3-5-6] 대학 입시에서 여성에게 가산점을 주어야 한다

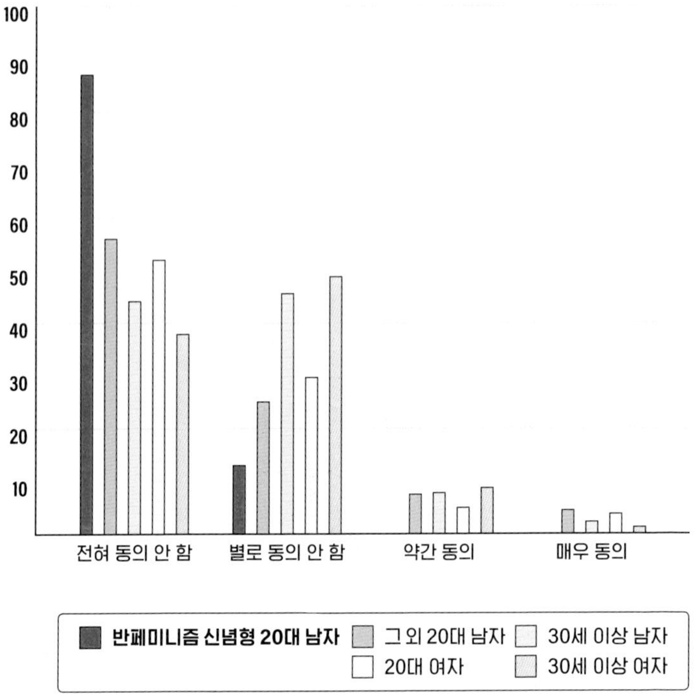


| | 전혀 동의 안 함 | 별로 동의 안 함 | 약간 동의 | 매우 동의 | 모르겠다 |
|---|---|---|---|---|---|
| **반페미니즘 신념형 20대 남자** | **87.0** | **13.0** | **0.0** | **0.0** | **0.0** |
| 그 외 20대 남자 | 55.9 | 25.0 | 7.4 | 4.4 | 7.4 |
| 30세 이상 남자 | 44.1 | 45.5 | 7.7 | 2.2 | 0.5 |
| 20대 여자 | 51.9 | 29.6 | 4.9 | 3.7 | 9.9 |
| 30세 이상 여자 | 37.8 | 48.7 | 8.7 | 1.2 | 3.5 |

(단위: %)

[표 3-5-7] 대학 입시에서 남성에게 가산점을 주어야 한다

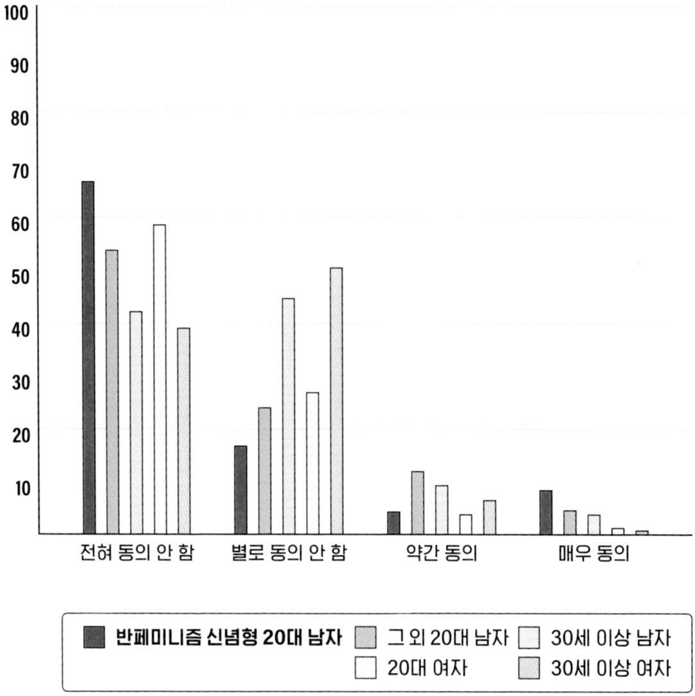


| | 전혀 동의 안 함 | 별로 동의 안 함 | 약간 동의 | 매우 동의 | 모르겠다 |
|---|---|---|---|---|---|
| 반페미니즘 신념형 20대 남자 | 66.7 | 16.7 | 4.2 | 8.3 | 4.2 |
| 그 외 20대 남자 | 53.7 | 23.9 | 11.9 | 4.5 | 6.0 |
| 30세 이상 남자 | 42.1 | 44.6 | 9.2 | 3.7 | 0.5 |
| 20대 여자 | 58.5 | 26.8 | 3.7 | 1.2 | 9.8 |
| 30세 이상 여자 | 39.0 | 50.4 | 6.4 | 0.7 | 3.5 |

(단위: %)

### 그들이 붙든 앙상하고도 유일한 잣대

그렇게 해서 '맥락이 제거된 공정'이 시대 정신으로 등장한다. 이 태도가 생물학적 남성 성별과 만나면 중요한 화학반응이 일어난다. 이 조합은 여성에게 덮어놓고 가혹하다기보다는, '도움을 받을 자격'에 유난히 가혹하다.

경쟁을 피곤해하면서도, 경쟁의 가치를 건드리는 시도에 크게 반발한다. 병목 사회에서 병목을 통과하는 경쟁은 특별히 신성하다. 20여 년의 생애 경험에서 피해자는 오히려 자신이지만 특별 대우를 요구할 생각은 없다. 반페미니즘 정체성 20대 남자 집단은 대입 '남성' 가산점 제도에 83.4%가 반대했다(표 3-5-7). 그런데 기성세대는 피해자인 자신에게 배려는커녕 세대 계약 붕괴를 안겨주고, 권력은 특권을 요구하는 여자들 편이다.

이런 세계에서, 상호 신뢰에 기반을 둔 호혜적 관계는 더 이상 작동하지 않는다. 외상 거래, 그러니까 어떤 영역에서 좀 손해를 보더라도 나중에 다른 형태로 돌려받는 거래는 더 이상 신뢰할 수 없다. 기성세대 남성은 군 복무라는 성차별을 감내했지만 사회에 진출하면 그걸 이자까지 쳐서 돌려받았다. 사회는 군대 원리로 작동했고, 군필자는 우대받았다. 바로 이런 외상 거래를 이제는 신뢰할 수 없다. 바로바로 손익 계산을 맞추는 방법밖에 없다. '맥락이 제거된 공정'이라는 잣대는, 이 즉시 현금 거래의 원리에 최적화되어 있다. 이것이 우리가 도달한, '20대 남자 마이너리티'의 마음이다.

이 조사는 가설부터 만들어나가는 탐색적인 조사였다. 여기서 제안된 이야기는 한 차례 조사에서 추려낸 가능성의 집합일 뿐이다. 가설을 검증하려면 더 정교하고 목표를 좁힌 설문지, 직접 인터뷰 등 다른 방식의 접근 방법이 조화를 이루어야 한다. 이 긴 이야기는, 아마도 여러 군데가 틀렸다고 결론 날 것이다. 탐색적 조사에서 뽑아낸 가능성의 이야기가 그대로 정답인 경우는 거의 없다. 하지만 우리는 생산적으로, 반증 가능하게 틀리려고 노력했다. 이제 무엇이 틀린 이야기인지를 검증하기가 이전보다 쉬워졌다.

# 4장 20대 여자, 그들은 누구인가

정한울

이번 기획의 주된 관심사는 20대 남성이었지만, 분석 과정에서 우리는 20대 여성에 대한 중요한 발견과 질문을 마주하게 되었다. 애초 조사 기획의 주제는 아니었지만, 20대 여성에 대한 발견을 우선 정리하고 문제의식을 공유할 필요가 있어 보였다.

20대 여성을 이해하기 위해 먼저 주목할 점은 정치 참여와 투표 참여(보팅 파워)에서 나타나는 권력 이동 현상이다. 20대 남자 현상이 문재인 정부 지지율 추락으로 처음 실마리를 보였다면, 20대 여자 현상은 무엇보다도 정치 참여 확대 과정으로 드러난다. 역대 선거에서 20대 투표율의 추이를 보자. 2007년 12월, 17대 대선 당시 20대 투표율은 47.2%로 역대 최하를 기록하면서, '20대 개새끼론'이 온라인 공간에 횡행했던 바 있다. 이후 선거에서 20대 투표율은 급상승했다. 특히 2017년 5월 19대 대선에서 20대 투표율은 76.2%를 기록해 30대(74.2%)와 40대(74.9%)를 넘어섰다(표 4-1).

[표 4-1]　　최근 대통령 선거 세대별 투표율

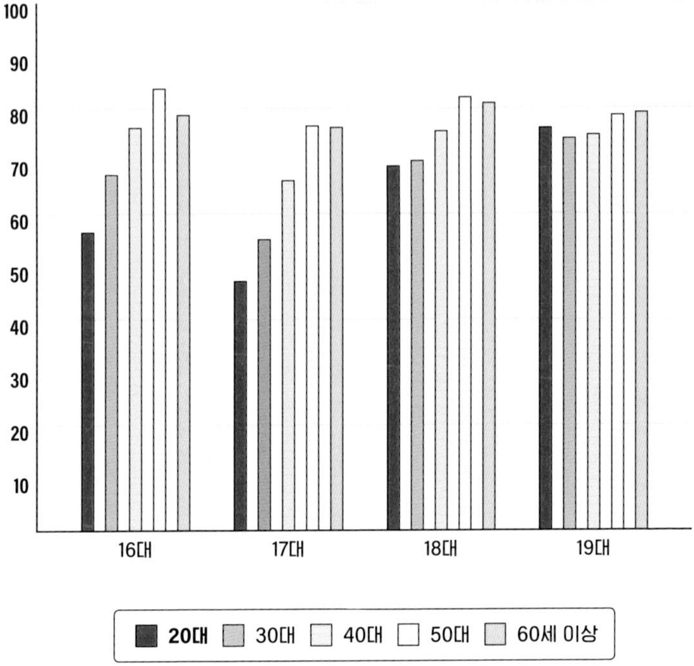


(단위: %)

| | 16대 | 17대 | 18대 | 19대 |
|---|---|---|---|---|
| **20대** | **56.5** | **47.2** | **69.0** | **76.2** |
| 30대 | 67.4 | 55.1 | 70.0 | 74.2 |
| 40대 | 76.3 | 66.3 | 75.6 | 74.9 |
| 50대 | 83.7 | 76.6 | 82.0 | 78.6 |
| 60세 이상 | 78.7 | 76.3 | 80.9 | 79.1 |

20대 투표율 상승은 여성이 주도했다(표 4-2). 세대별 여성 투표율에서 남성 투표율을 뺀 투표율 격차를 보면, 2002년 12월 16대 대선만 하더라도 당시 30대를 제외한 전 세대에서 남성 투표율이 여성 투표율을 앞섰다(표 4-2에서 +는 여성 투표율이 남성 투표율을 상회하고, -는 여성 투표율이 남성 투표율에 못 미친다는 것을 의미한다). 2007년 17대 대선에서는 40대가 여성 투표율 우위로 진입했고 2012년 18대 대선에서는 20대와 50대에서도 여성 투표율이 남성 투표율을 앞섰다. 2017년 19대 대선에서는 20대에서 여성 투표율 우위가 두드러진다. 다른 세대에서는 이런 증가세가 관찰되지 않는다.

### 20대 여자의 진보적 성향

20대 여자 집단이 다른 집단, 특히 20대 남자와 갈라져서 독립적인 정치 성향을 보인다는 점도 주목할 만하다. 한때 한국 여성의 정치 성향은 금권·관권의 정치 동원이나, 남편이나 아버지의 투표 선택을 따라가는 '순응 투표 이론'으로 설명되어 왔다. 현재 한국 여성의 투표 참여나 투표 선택을 수동적 투표 행태 이론으로 설명하는 것은 불가능하다. 20대 남자와 20대 여자 간에 나타나는 뚜렷한 정치 성향의 차이는 서구 민주주의 국가들에서 공통적으로 나타나는 현상이다. 남성보다 여성이 복지 정책을 선호하고, 군사비 지출을 선호하지 않으며, 리버럴 정당을 지지하는 경향이 나타난다. 미국의 경우 여성

[표 4-2] 세대별 남녀 투표율 격차 (여성 투표율 - 남성 투표율)

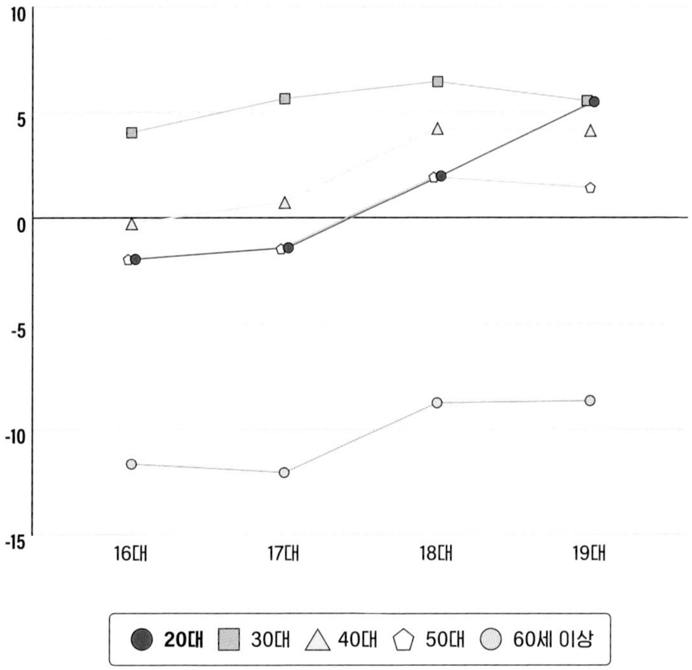


(단위: %포인트)

| | 16대 | 17대 | 18대 | 19대 |
|---|---|---|---|---|
| **20대** | **-2.0** | **-1.1** | **2.3** | **5.8** |
| 30대 | 4.0 | 5.6 | 6.4 | 5.5 |
| 40대 | -0.3 | 0.7 | 4.2 | 4.1 |
| 50대 | -2.0 | -1.5 | 1.9 | 1.4 |
| 60세 이상 | -11.7 | -12.1 | -8.8 | -8.7 |

이 남성보다 8~10%포인트 정도 민주당 지지가 높다고 한다 (Huddy and Cassese, 2011, Leonie Huddy and Erin Cassese. "On the Complex and Varied Political Effects of Gender." Robert Y. Shapiro and Lawrence R. Jacobs. eds. The Oxford Handbook of American Public Opinion and the Media. Oxford University Press. pp. 471-487).

이번 조사 결과(표 4-3)에서 20대만 보면 남자보다 여자 중에 진보 성향 응답자들이 많고(여자 40.7%, 남자 32.5%), 보수 성향 응답자들은 상대적으로 남자에게서 많이 발견된다(여자 13.3%, 남자 24.3%).

이러한 결과가 20대 남자가 보수화되었다는 의미는 아니다. 상대적으로 보수 성향 응답자가 여자보다 남자 중에 많은 것은 사실이지만, 전체 분포에서 다수를 차지하는 것은 아니다. 정치적 성향으로 봐도 이들 중 박근혜 대통령 탄핵에 찬성하는 비율이 79.7%에 달하는 만큼 자유한국당 지지층으로 흡수될 정도로 보수화되었다고 보기 힘들다(반페미니즘 신념형 20대 남자의 88.0%는 박근혜 대통령 탄핵에 동의했다). 이 숫자들은 20대 남자의 보수화보다는 반대로 20대 여자의 진보성에 주목할 것을 요구한다. 실제로 20대 여자는 복지, 탄핵 이슈 등에서 일관되게 강한 진보 성향이 확인된다. 다만 난민 이슈 등에서는 20대 여자도 20대 남자와 마찬가지로 강한 보수적 태도를 보여주고 있지만, 대체로 20대 여자는 주요 이념적 쟁점이나 주관적 이념 정체성, 정치적 성향에서 상당히 일관

[표 4-3] 20대 남녀 진보/보수 성향

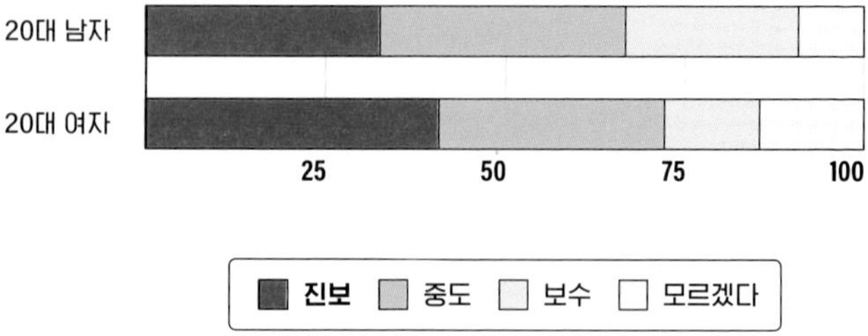


| | 진보 | 중도 | 보수 | 모르겠다 |
|---|---|---|---|---|
| 20대 남자 | 32.5 | 34.1 | 24.3 | 9.1 |
| 20대 여자 | 40.7 | 31.4 | 13.3 | 14.7 |

되게 진보성을 보여주고 있다.

### 교육·진학·취업 시장에서의 권력 이동

한마디로 20대 여성의 정치적 파워가 강해지고 있다. 참여가 늘고, 독립적인 성향이 뚜렷해졌다. 배경은 크게 두 가지 차원에서 살펴볼 수 있다. 투표 참여를 설명하는 요인으로 '자원(resource)'과 '동기(motivation)'의 차원에 주목할 필요가 있다. 자원론은 사회경제적 지위가 높을수록 정보 취득 기회와 합리적 의사결정 능력을 갖추어 투표할 확률이 높아진다는 논리다. 자원 차이를 측정하는 대표 변수가 학력 수준이다. 학력 수준은 사회경제적 영역에서의 경쟁력 및 문화 자본의 크기와 강한 상관관계를 보여주기 때문이다. 여성의 학력 수준 상승은 가정 내 위계, 진학, 취업 시장에서의 남성 우위 현상을 약화시키고, 여성 쪽으로 권력 이동을 촉진시키는 요인이 될 수 있다.

매년 발표되는 대학 진학률 자료는 이러한 가설을 뒷받침한다(표 4-4). 2009년부터 대학 진학률에서 남자와 여자 사이의 진학률 역전 현상이 확인된다. 2011~2018학년도 수능 표준 점수에서도 여학생이 국어·영어 영역에서 우위를 보였고, 2014년도부터는 수학에서조차 여학생이 앞지르는 추세가 나타나고 있다.

취업 시장에서도 2000년대 중반을 거치면서 20대에서만

## [표 4-4] 대학 진학률 추이

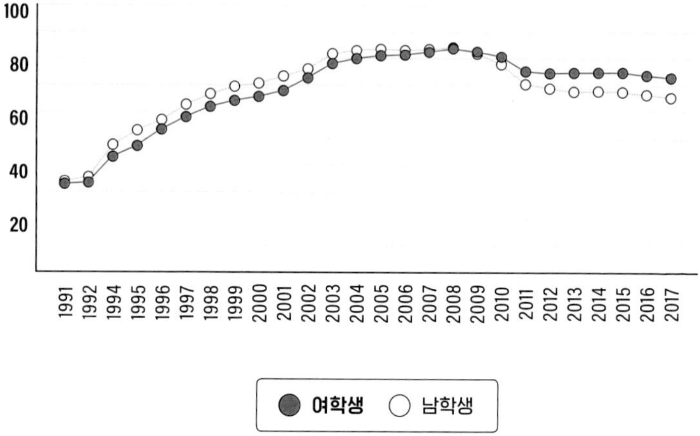


(단위 : %)

| | 여학생 | 남학생 | 차이 (남-녀) | | 여학생 | 남학생 | 차이 (남-녀) |
|---|---|---|---|---|---|---|---|
| 1991 | 32.6 | 33.7 | 1.1 | 2005 | 80.8 | 83.3 | 2.5 |
| 1992 | 33.1 | 35.3 | 2.2 | 2006 | 81.1 | 82.9 | 1.8 |
| 1994 | 42.9 | 47.4 | 4.5 | 2007 | 82.2 | 83.3 | 1.1 |
| 1995 | 49.8 | 52.8 | 3.0 | 2008 | 83.5 | 84.0 | 0.5 |
| 1996 | 53.1 | 56.7 | 3.6 | 2009 | 82.4 | 81.6 | -0.8 |
| 1997 | 57.7 | 62.4 | 4.7 | 2010 | 80.5 | 77.6 | -2.9 |
| 1998 | 61.6 | 66.4 | 4.8 | 2011 | 75.0 | 70.2 | -4.8 |
| 1999 | 63.9 | 69.2 | 5.3 | 2012 | 74.3 | 68.6 | -5.7 |
| 2000 | 65.4 | 70.4 | 5.0 | 2013 | 74.5 | 67.4 | -7.1 |
| 2001 | 67.6 | 73.1 | 5.5 | 2014 | 74.6 | 67.6 | -7.0 |
| 2002 | 72.4 | 75.8 | 3.4 | 2015 | 74.6 | 67.3 | -7.3 |
| 2003 | 77.8 | 81.5 | 3.7 | 2016 | 73.5 | 66.3 | -7.2 |
| 2004 | 79.7 | 82.8 | 3.1 | 2017 | 72.7 | 65.3 | -7.4 |

큼은 고용률, 경제활동 참가율 등 각종 고용 지표에서 여성이 남성을 넘어서고, 특히 전문직과 관리직 취업률도 여성이 남성의 두 배를 넘어섰다는 보도도 나왔다.

가정에서도 모계로 무게중심이 이동하는 경향이 뚜렷해지고 있다. 문화체육관광부가 1996년과 2016년에 실시한 〈한국인의 가치관과 의식 조사〉를 보면, 생활비 지출이나 자녀 교육 문제는 주로 여성이 담당해야 한다는 인식에 큰 변화가 없었다. 하지만 이사·주거 결정, 가족 행사, 부모 부양 문제 등에서는 남성 중심의 의사결정권이 매우 약해지고 남녀가 같이 하거나 여성이 결정하는 쪽으로 급격히 이동해왔음을 알 수 있다.

### 내가 투표하면 정치가 달라진다

20대 여성으로의 사회경제적 자원 이동은 정치 효능감과 참여 동기를 높여줌으로써 투표 참여를 강화시켜왔다는 것이 동기론에 기반한 설명 논리다. 효능감은 정치에 영향을 미칠 수 있는 스스로의 능력에 대한 자신감을 의미하는 내적 효능감과, 정치와 제도가 이러한 요구에 반응해 달라질 것이라는 외적 효능감으로 나뉜다. 특히 투표를 하면 정치가 달라질 것이라는 믿음을 투표 효능감으로 부를 수 있다.

20대 여자는 다른 세대 여자나 20대 남자와 비교해 높은 투표 효능감을 보여준다. '투표하면 정치가 달라질 것이다'라

[표 4-5]　투표를 하면 정치가 달라진다

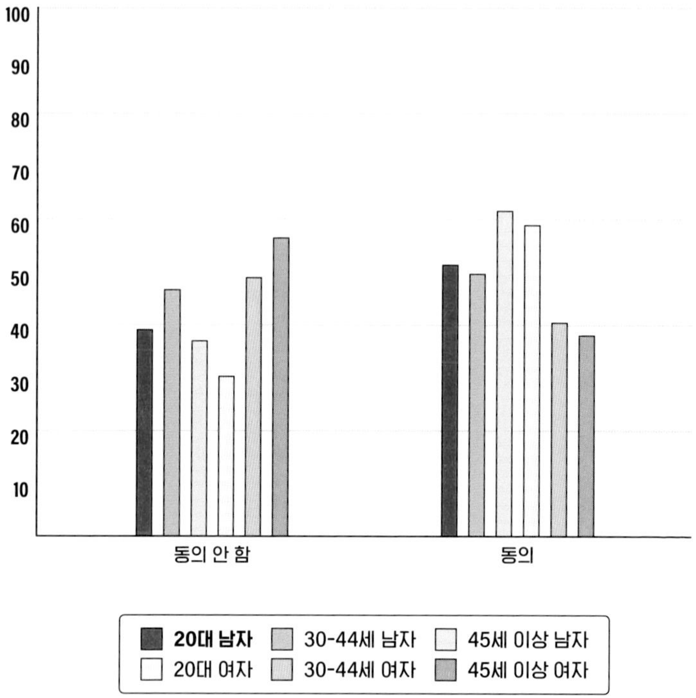


(단위: %)

| | 동의 안 함 | 동의 | 모르겠다 |
|---|---|---|---|
| **20대 남자** | **39.0** | **51.3** | **9.7** |
| 30-44세 남자 | 46.6 | 49.6 | 3.8 |
| 45세 이상 남자 | 36.9 | 61.5 | 1.5 |
| 20대 여자 | 30.2 | 58.8 | 11.0 |
| 30-44세 여자 | 48.9 | 40.4 | 10.7 |
| 45세 이상 여자 | 56.4 | 38.0 | 5.6 |

는 문항에 20대 여자 58.8%가 동의했지만, 20대 남자의 동의율은 51.3%였다. 30~44세 여자에서는 동의율이 40.4%, 45세 이상 여자에서는 동의율이 38.0%에 불과하다(표 4-5).

내적 효능감을 측정하기 위한 '우리 같은 사람은 정부나 정치권에 말할 자격이나 능력이 없다'라는 제시문을 주고 동의 여부를 물었다. '동의한다'는 비율이 20대 여자에서 19.8%로 가장 낮았고 반대하는 비율은 71.3%로 다른 세대 여자에 비해 높았다. 20대 여자는 스스로의 역량에 대한 강한 자신감을 표현하고 있다(표 4-6).

여기까지 보면, 강한 반페미니즘 정체성을 가진 20대 남자들이 '20대 남자는 약자, 20대 여자는 강자'로 간주하는 인식은 앞서 보여준 현실의 권력 이동을 반영하는 것처럼 보인다. 그러나 객관적으로 남성보다 나은 성과를 거두고 있고 자신감과 정치적 참여도가 높아지는 것 자체가 여성의 '승자 정체성'을 뒷받침하는 직접적인 근거라고 단정할 수 없다. 20대 여자가 실제로 강자로서의 지위를 누리고 있는지, 그리고 반페미니즘 정체성 집단이 비판하는 것처럼 '여성으로서 과실만 취하고 부담은 회피하는' 위선적 집단인지 확인해볼 필요가 있다.

먼저, '자신의 세대 평균과 비교할 때 자신의 사회적 성공 여부에 대해 어떻게 평가하는지'를 보자(표 4-7). 앞에서 살펴본 권력 이동의 징후들과 달리 주관적 평가에서는 '나는 실

[표 4-6] 우리 같은 사람은 정부나 정치권에 말할 자격이나 능력이 없다

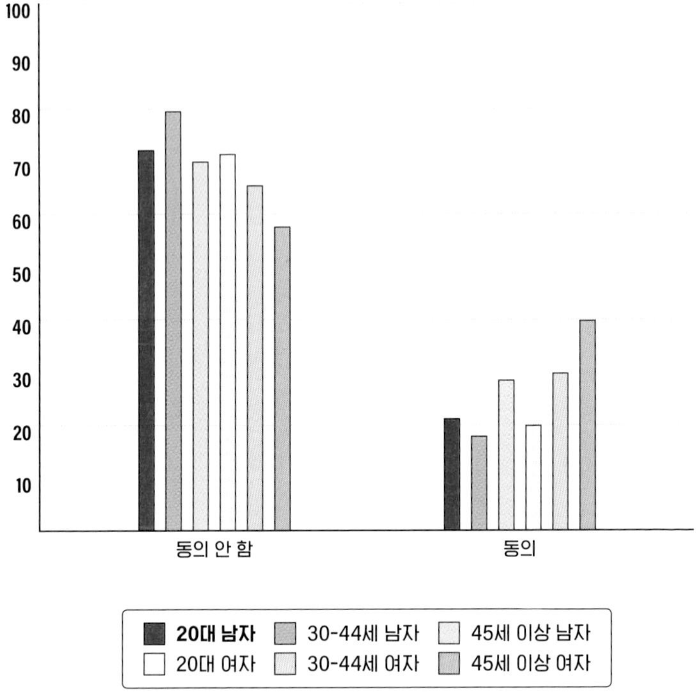


| | 동의 안 함 | 동의 | 모르겠다 |
|---|---|---|---|
| **20대 남자** | **72.1** | **21.1** | **6.8** |
| 30-44세 남자 | 79.4 | 17.8 | 2.9 |
| 45세 이상 남자 | 69.9 | 28.4 | 1.8 |
| 20대 여자 | 71.3 | 19.8 | 8.9 |
| 30-44세 여자 | 65.3 | 29.7 | 4.9 |
| 45세 이상 여자 | 57.5 | 39.7 | 2.9 |

(단위: %)

[표 4-7]　자신이 속한 세대 평균과 비교할 때 성공했다고 보는가

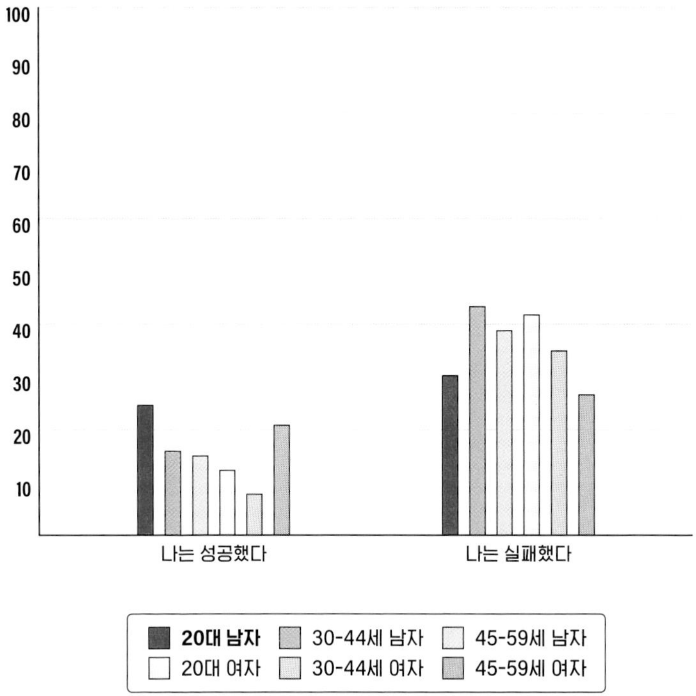


| | 나는 성공했다 | 보통 | 나는 실패했다 | 모르겠다 |
|---|---|---|---|---|
| 20대 남자 | 24.6 | 40.8 | 30.2 | 4.3 |
| 30-44세 남자 | 15.9 | 40.8 | 43.3 | 0.0 |
| 45-59세 남자 | 15.0 | 44.1 | 38.7 | 2.2 |
| 20대 여자 | 12.2 | 43.7 | 41.7 | 2.4 |
| 30-44세 여자 | 7.7 | 57.4 | 34.9 | 0.0 |
| 45-59세 여자 | 20.8 | 50.5 | 26.6 | 2.2 |

(단위: %)

패했다'는 열패감 비율이 20대 남자에 비해 20대 여자에서 높다(20대 남자 30.2%, 20대 여자 41.7%). 반대로 '나는 성공했다'는 응답은 20대 남자에서는 24.6%인 반면 20대 여자에서는 12.2%로, 절반 수준에 그쳤다.

0점(매우 불만족)에서 10점(매우 만족)으로 측정한 자기 삶의 만족도 평가 점수를 보면 20대 여자(5.77점)만 20대 남자(5.93점)보다 낮은 평가를 내렸다. 주관적인 평가로 볼 때 20대 여자는 권력 이동의 수혜를 체감하지 못하고 있다.

객관적인 지표에서 여성의 지위가 상승했는데도 스스로의 정체성은 여전히 강한 열패감과 낮은 삶의 만족도로 이어지는 이유는 무엇일까? 20대 여자의 열패감은 상당 부분 경쟁 피로도에서 오는 것으로 보인다. '경쟁은 당신을 피로하게 만드나 활력소가 되게 만드나'라는 설문에 전체 20대 남자의 56.7%가 '피로하게 만든다'고 응답한 반면, 전체 20대 여자에서는 74.1%가 '피로하게 만든다'고 응답했다(표 3-4-2).

반면 '경쟁은 개인을 발전시키는 원동력이다'라는 설문에 대해서는 20대 남자의 60.8%가 동의한 반면 20대 여자는 47.6%가 동의했다(표 2-3-4).

또한 '나의 사회적 성공 여부를 결정하는 요인'을 제시하고 각각에 대해 얼마나 동의하는지 묻는 질문에 대해 '자신의 노력'에는 20대의 71.6%가 동의했고, '자신의 재능'에는 응답자의 58.6%가 동의했다. 운(63.8%), 부모 배경(63.2%), 학벌

[표 4-8] 경쟁의 기능에 대한 의견

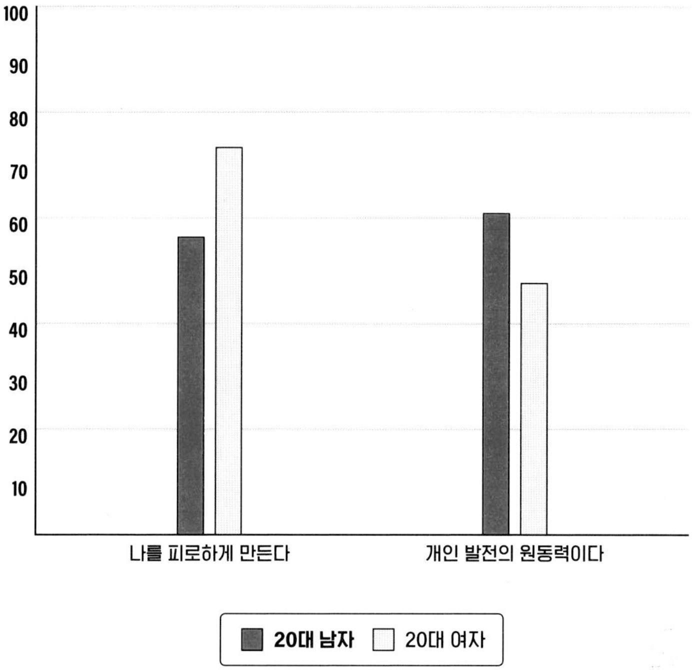


(단위: %)

| | 나를 피로하게 만든다 | 개인 발전의 원동력이다 |
|---|---|---|
| 20대 남자 | 56.3 | 60.8 |
| 20대 여자 | 73.3 | 47.6 |

[표 4-9] 나의 사회적 성공 여부를 결정하는 요인

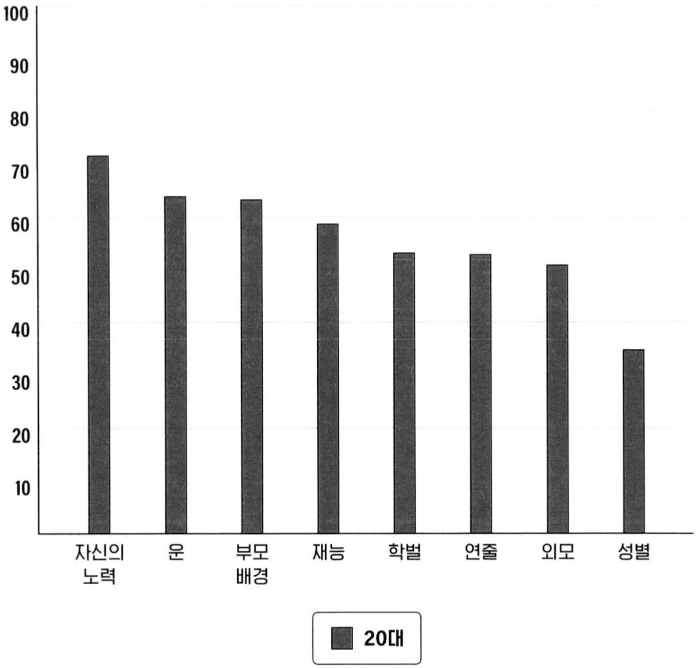


(단위: %)

| | 자신의 노력 | 운 | 부모 배경 | 재능 | 학벌 | 연줄 | 외모 | 성별 |
|---|---|---|---|---|---|---|---|---|
| 20대 | 71.6 | 63.8 | 63.2 | 58.6 | 53.1 | 52.8 | 50.8 | 34.7 |

(53.1%), 연줄(52.8%)이라는 응답도 많이 선택했다(표 4-9). 20대는 자기 자신의 노력과 능력을 중요하게 생각하고 있지만, 운, 부모 배경, 학벌, 연줄과 같은 외부 요인이 작동하고 있다는 불신도 큰 것으로 나타났다. 이러한 인식에는 남녀 차이가 두드러지지 않았다.

주목할 점은 20대 여자 중에서는 사회적 성공에 외모가 영향을 미친다는 응답이 56.2%(표 4-10), 성별이 영향을 미친다는 응답도 45.5%(표 4-11)로, 20대 남자들의 인식과 큰 차이가 발생하는 점이다. 20대 남자의 경우 외모가 영향을 미친다는 응답은 46.0%, 성별이 영향을 미친다는 응답은 24.9%에 그쳤다. 결국 20대 여자는 20대 남자나 다른 세대에 비해 성공을 위해 신경 써야 할 요인이 다양하고 복합적이라고 느낀다. 이 역시 경쟁 피로도를 높이는 요인으로 작동한 것으로 보인다.

과거에 비해 여성의 지위 상승으로 권력 이동의 조짐까지 나타나고 있는 상황이지만, 정작 실제 경쟁 과정에서 20대 여자는 이러한 변화를 체감하지 못한다. 이번 조사를 통해 20대 여자에게서 '승자로서의 정체성'을 확인할 수 없었다. 그렇다면 '20대 여자가 경쟁 피로도에 지쳐 있다'는 현상과 '20대 여자의 투표 참여와 정치적 자신감이 갈수록 강화된다'는 상반된 현실은 어떻게 설명할 수 있을까?

20대 여자 내부의 양극화 현상에 주목해보자. 사회적으

[표 4-10]　사회적 성공에 외모가 영향을 미친다

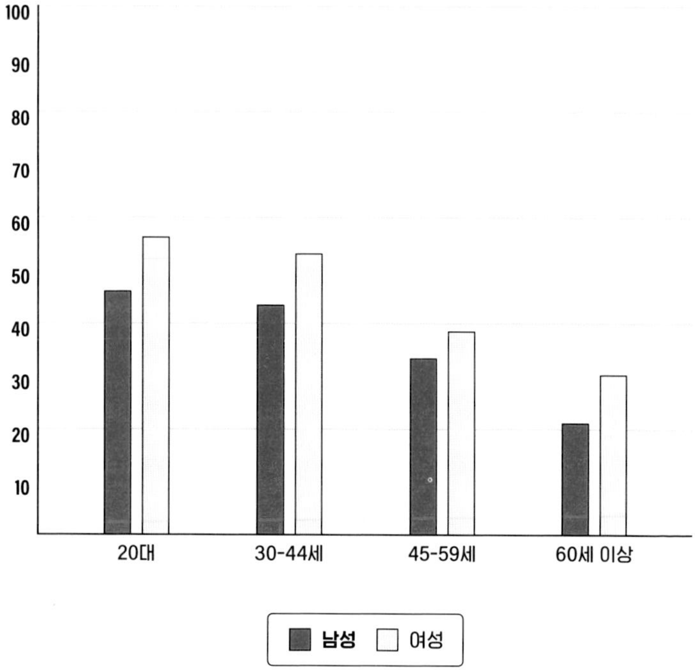


(단위: %)

| | 20대 | 30-44세 | 45-59세 | 60세 이상 |
|---|---|---|---|---|
| 남성 | 46.0 | 43.4 | 33.3 | 21.1 |
| 여성 | 56.2 | 53.1 | 38.4 | 30.2 |

[표 4-11]　사회적 성공에 성별이 영향을 미친다

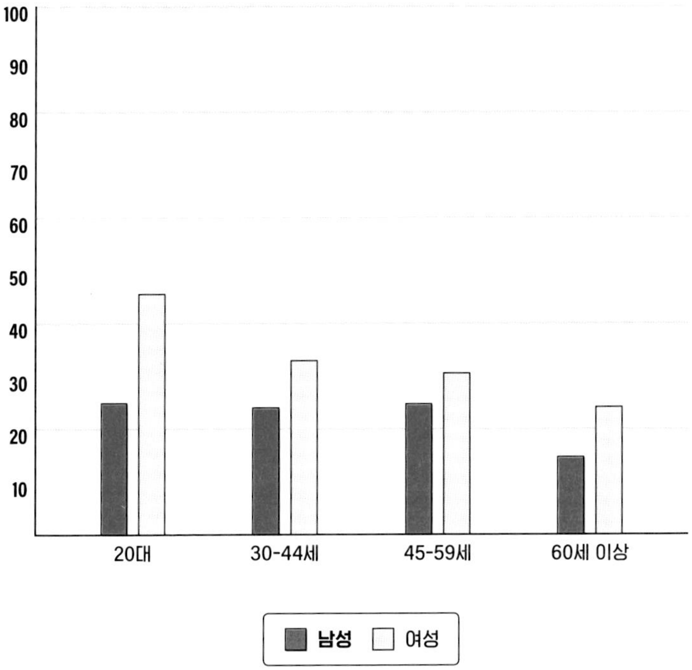


(단위: %)

| | 20대 | 30-44세 | 45-59세 | 60세 이상 |
|---|---|---|---|---|
| 남성 | 24.9 | 24.0 | 24.7 | 14.6 |
| 여성 | 45.5 | 32.9 | 30.5 | 24.1 |

[표 4-12]　나는 사회적으로 실패했다

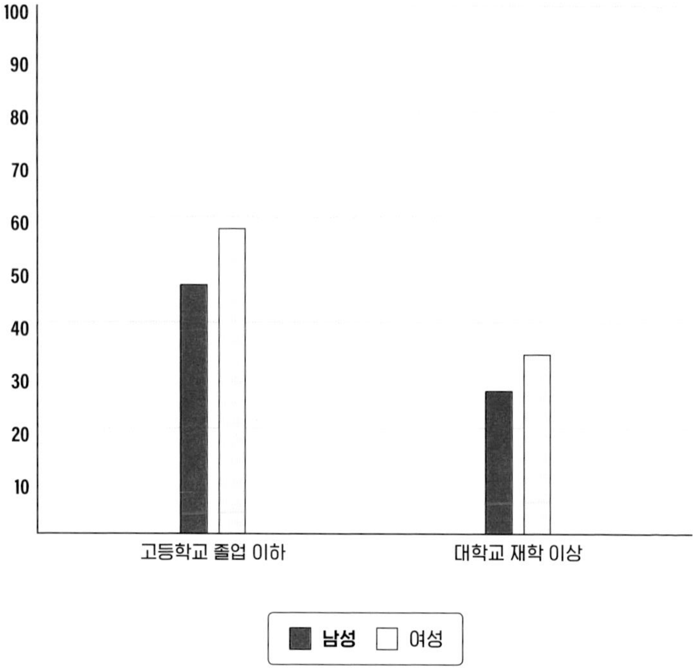


(단위: %)

| | 고등학교 졸업 이하 | 대학교 재학 이상 |
|---|---|---|
| 남성 | 47.1 | 27.0 |
| 여성 | 57.7 | 33.9 |

[표 4-13]    삶의 만족도

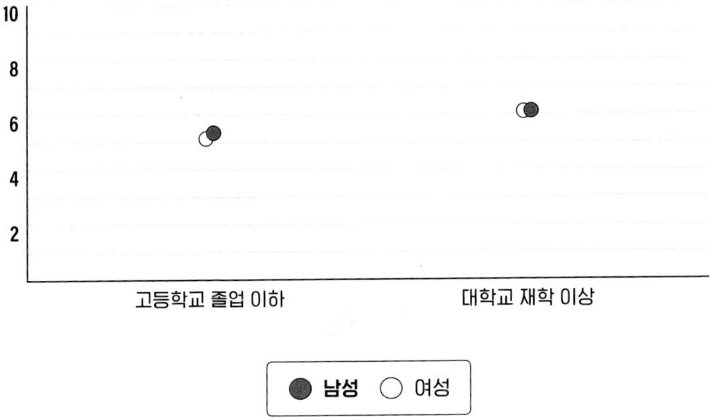


| | 고등학교 졸업 이하 | 대학교 재학 이상 |
|---|---|---|
| 남성 | 5.32 | 6.08 |
| 여성 | 5.11 | 6.06 |

로 실패했다는 응답과 개인 삶의 만족도 문항을 각각 학력별로 분류해보았다. 우선 대학 재학 이상의 20대 남녀 집단에서 사회적으로 실패했다는 응답은 각각 남자 27.0%, 여자 33.9%인 반면, 고졸 이하의 20대 남녀 집단에서의 열패감 비율은 각각 남자 47.1%와 여자 57.7%다(표 4-12). 즉 같은 학력 수준에서 남녀 사이의 차이보다 같은 성별에서 학력에 따른 차이가 더 크다. 삶의 만족도 문항에 대해서도 학력별로 분류를 해보면, 대학 재학 이상의 20대 남녀의 삶의 만족도 평균은 남자 6.08, 여자 6.06으로 비슷한 반면, 고졸 이하의 남자 5.32, 여자 5.11로 차이가 벌어졌다(표 4-13).

이와 같은 조사 결과는 20대 남녀 사이의 격차보다 동성 내의 계층 및 문화 자본의 격차가 집단 간 삶의 질 차이를 가져올 수 있음을 시사한다. 경쟁력과 자원을 갖춘 고학력의 20대 여자 집단은 경제적 지위 상승뿐 아니라 정치적 자신감의 상승을 이끌고, 저학력 20대 여자 집단은 이중의 불평등 압력 속에서 열패감이 집중되고 있다는 20대 여성 내부의 이질성에 대한 면밀한 추가 분석이 필요해 보인다. 20대 여성의 경쟁력 강화와 열패감이 공존하는 퍼즐을 푸는 실마리를 제공해 줄 수 있기 때문이다. 젠더 논쟁이 다른 사회 계층적 맥락 속에서 논의되어야 할 필요성을 상징적으로 보여주는 대목이다.

# 20대 남자를 말하다, 그 후

# 5장 20대 남자 현상, 이렇게 조사했다

정한울

〈시사IN〉'20대 남자 현상' 시리즈에 관심이 높아지면서 이 조사의 방법론에 대해서도 논쟁이 일어났다. 208개 질문을 포함한 패널 웹 조사의 무작위성과 대표성 문제, 측정 오차와 관련한 다양한 문제 제기가 SNS를 통해 회자되었다. 이 중에는 일부 타당한 것도 있고, 부정확한 정보나 편견에 기초한 논란도 있었다.

이번 조사의 방법론적인 특징을 살펴보면 이렇다. 이번 조사는 20대 내부의 이질적 차이를 세부적으로 살펴보면서 동시에 세대 간 차이를 비교해보는 작업을 필요로 한다. 20대 내부의 세부 분석을 위해서는 20대만 최소 500명 규모의 샘플이 필요하다고 보았다. 이를 위해 전국 전 세대 성인 남녀 600명을 조사 대상으로 하고 20대 샘플 400명을 추가하는 방식으로 표본을 추출해 조사하기로 결정했다. 전 세대 조사 대상 600명 중 20대가 100명가량 포함되는데 여기에 20대 표본 400명의 샘플을 추가 조사하면 20대 내부의 세부 분석과 다른 세대와의 비교가 동시에 가능한 데이터를 확보할 수 있기 때문이다.

〈시사IN〉 '20대 남자' 보도가 진행되자 기사 내용에 대한 논쟁은 물론 방법론에 대한 문제 제기도 등장했다. 문제 제기는 크게 두 차원으로 집약되는 듯하다. 첫째는 조사 방법으로서 웹 패널 조사 방법의 신뢰성 문제, 둘째는 분석 내용 중 관심이 집중된 소위 '반페미니즘 지수'에 관한 것이다. 하나씩 살펴보도록 하자.

## 1 방법론적 논점: 대표성과 측정 오차 '웹 조사는 얼마나 신뢰할 수 있는가'

먼저 웹 조사의 대표성과 응답의 신뢰성 문제이다(Roster et al. 2004; Cooper 2013). 전통적인 조사 방법인 인터뷰어에 의한 전화 조사 및 대면 면접 조사 방법에서 낮은 응답률, 커버리지 문제, 응답 복사 등 심각한 문제점을 발생시키면서, 웹 조사는 새로운 방법론적 대안으로 주목받고 있다. 실제 생활에서 온라인 중심의 커뮤니케이션으로 무게중심이 이동하는 상황에서, 웹 서베이가 변화하는 환경에 부합하는 최적의 조사 방법이 될 수 있다는 주장이 미국과 유럽 학계, 마케팅 업계를 중심으로 꾸준하게 확산되고 있다. 실제로 전통적인 조사 방법을 사용한 연구가 정체되고 있는 것과 달리 웹 서베이의 비중은 갈수록 커지고 있다.

현재까지 알려진 웹 서베이의 강점은 다음과 같다. 전화조사에 비해 많은 문항 포함, 컴퓨터 처리 기반 기술 적용 시 인터뷰어 코딩 과정에서 발생하는 측정 오차 감소, 자기기입식 조사 특성상 높은 가성비, 국제 조사 및 실험 조사 방법 적용, 상대적으로 짧은 조사 기간, 응답자 편의에 따라 조사 모드와 조사 시간 등의 조절이 가능함으로써 응답의 질 제고, 인터뷰어 조사 시 발생할 수 있는 거짓 응답 감소(Sarracino et al. 2017; 한국리서치 〈2018 여론 속의 여론 통합본〉) 등이다. 이번 조사는 탐색적 연구로서 많은 가설군을 포함해야 하는 상황 등을 고려하여 웹 조사 방식을 채택하기로 했다.

그러나 웹 조사 역시 적지 않은 문제와 한계점으로 논란이 되어왔다. 첫째, 대표성 문제(representativeness), 둘째, 응답자 편의(selection bias)와 측정 오차(measurement errors)로서 불성실 응답, 셋째, 웹 패널 조사 시 응답자 오염 문제(panel contagion) 등으로 집약된다.

먼저, 대표성의 문제를 살펴보자. 그동안 웹 조사의 경우 '디지털 디바이드(digital divide)'에 따른 고령자 표본 할당을 채우지 못했던 것이 사실이다. 현재까지도 많은 온라인 조사들이 19~59세까지 조사를 진행하고 있는데 최근 인구 고령화 현상을 고려하면 치명적인 문제라 할 수 있다. 필자도 이 문제에 대한 우려로 인해 2018년 이전까지는 웹 조사 방식을 공공조사 부문에 채택하지 않았던 기억이 있다.

그러나 이 문제는 커뮤니케이션 환경 변화를 고려하여 접촉 방법을 개선할 경우 상당 부분 해소할 수 있었다. 첫째, 온라인 액세스 패널 관리 방안에서의 혁신이다. 한국리서치는 전체 온라인 조사에 활용할 수 있는 전체 패널 DB는 130만에 달하지만 인구학적 대표성을 갖는 액세스 패널 프레임을 구축하고(응답자 비례 할당 기준이 되는 성·연령·지역별 실제 전체 인구 구성비에 비례), 기존의 대규모 인터넷 카페 등을 활용한 편의적인 패널 모집 방법 대신 오프라인 및 무작위 조사 응답자 대상의 모집을 강화함으로써 패널 구축 단계에서의 편의(bias)를 감소시켜왔다. 한국리서치는 이러한 기준으로 실제 웹 조사의 경우 45만의 액티브 패널군을 별도로 추려 이들을 대상으로 조사 접촉을 진행해오고 있다. 또한 기존 연구 결과를 보면 조사 응답률 제고에 인센티브가 중요하고 특히 상품권 형식보다 현금 지급 방식이 효과가 두드러진다(Cooper 2011; Groves 2006). 한국리서치의 인센티브는 질문 난이도와 길이를 고려하여 현금 일괄 지급 방식을 채택하고 있으며 실제로 응답률 제고 및 대표성 있는 표집 확보에 실질적인 도움이 되고 있다. 응답자 대표성을 보정하기 위한 가중치의 범위가 1에 가깝게 수렴하고 있다는 점이 이를 뒷받침한다.

둘째, 최근 미디어 이용 환경 변화에 조응한 조사 접촉 방식의 혁신을 통해 응답자 응답률 및 디지털 디바이드 문제를 해결하는 데 획기적인 개선이 있었다. 즉 고령자 층에서 모바일 사용이 급증한 데 착안해 2017년부터 한국리서치 혁신연구센터(센터장: 한우석 전무)와 온라인 조사 TF에서 이메일 주소를 통한 PC 디바이스 기반의 단일 접촉 방식에서 휴대전화 모바일 접촉을 병행하는 '혼합 접촉 방식' 서베이 실험을 진행했는데, 고령자 응답률을 개선하는 효과가 뚜렷했다. 현재 한국리서치가 발표하는 〈여론 속의 여론〉 웹 조사만 하더라도 2017년 8~12월 매월 시범 조사 결과를 통해 고령자 인구 대표성 문제를 검증한 후 현재는 격주 조사로 확대했다.

셋째, 인구학적 대표성 외에 액세스 패널의 경우 자발적·비자발적 경로를 통해 한국리서치 조사에 참여하겠다는 의사를 밝힌 패널이기에 응답자 편의 문제를 근원적으로 해결해주는 것은 아니다. 일반 무작위 조사와 이미 모집된 액세스 패널 조사 간에 체계적인 차이가 존재할 가능성이 있다. 지금까지 자체 실험 조사나 기존 조사 결과를 비교한 결과 온라인 액세스 패널과 무작위 조사 결과 사이에 조사 주제나 질문 방식의 차이는 조사 모드 간 응답 결과에 영향을 미친다. 우선, 대체로 정치사회적 태도와 선호에서는 유의할 만한 차이를 발견하기 어렵다. 실제로 격주로 발표하는 한국리서치 웹 조사의 경우 대통령 지지율에서 한국갤럽 조사와 오차 범위 내에 있는 결과들이 도출되고 있다. 다만 응답자의 관여도나 질문의 규범성이 있는 문항에서는 적지 않은 차이가 발견된다. 관여도 차원에서는 웹 조사가 단점을 보이지만, 반대로 사회적으로 바람직한 응답의 편의를 줄이는 효과는 웹 조사가 강점을 가지고 있는 셈이다(Sarracino et al. 2017).

넷째, 액세스 패널이 대규모라고는 하지만 반복적 조사로 인해 응답자들이 조사 과정에서 학습되고 각성하는 응답 패널의 오염 문제를 꼽을 수 있다. 이른바 '조사꾼 문제'가 발생하는 것인데 이에 대해 한국리서치는 매월, 매년 조사 총량을 정해놓고 샘플링을 하는 방법을 적용하고 있다. 또한 그동안 대부분 액세스 패널을 활용한 웹 조사의 경우 마케팅 분야에서 주로 사용해왔고 이번 조사 같은 공공 분야 태도 조사는 거의 활용하지 않아왔다. 따라서 상대적으로 정치사회 인식 분야에서 잦은 조사로 인한 응답자 오염 문제는 크지 않을 것으로 추정된다. 다만 앞으로 액세스 패널을 활용한 웹 조사 방법을 공공 부문에 적용할 경우 이 분야에서도 표본을 오염시킬 가능성에는 대비해야 하며, 현재 이 문제에 대비한 새로운 웹 조사 방법론 실험을 진행하고 있다. 이 역시 일정한 검증 과정이 끝나는 대로 발표할 예정이다.

## 2 방대한 조사 길이가 야기하는 문제: 응답자 편의와 측정 오차가 발생할 가능성

**'208문항에 끝까지 응답하는 사람들은 '평균적이지 않은 사람들이라고 보아야 하지 않을까'**

이번 조사에서 방대한 가설들에 대한 검증을 위해 많은 문항을 포함했다는 점은 강점이나, 많은 문항 수가 응답자에게 부담이 되는 것은 사실이다. 실제로 문항의 길이는 응답자가 불성실하게 같은 응답을 반복하거나, 문항별 응답 시간이 짧거나(생각 안 하고 답한다는 의미), 무응답 비율이 높아지는 등의 문제를 일으킨다고 알려져 있다. 이렇게 되면 결국 강한 정치 성향을 가진 응답자들이나 '조사꾼'의 비율을 높이게 된다. 이번 조사의 경우, 조사 요청을 보낸 사람은 1만 2,385명, 조사에 참여한 사람은 1,303명이다. 이 중 303명이 중도에 조사를 포기했고 1,000명이 최종 응답했다. 즉 요청 대비 응답 비율은 8.1%, 조사 참여자 대비 응답 비율은 76.7%다.

우선 오해하지 말아야 할 점은, 애초 조사에 참여하지 않은 사람 1만 1,082명이 조사를 진행하다 포기한 사람이 아니라 애초에 발송한 조사 URL 자체를 열지 않은 사람들이라는 점이다. 이 사람들은 조사 길이 효과와는 무관하다. 전화 조사라면 전화는 걸렸으나 아예 받지 않은 사람들의 비율과 등치될 수 있다. 보통 한국에서 전화 조사 응답률로 발표되는 것은 전화를 받은 사람 중 조사를 끝까지 진행한 사람 비율을 의미한다. 이 점에서 한국의 응답률은 전체 전화를 발송한 조사 요청자 기준이 아니라 전화를 받고 통화한 사람(참가자) 중 최종 응답자의 비율을 구한 것이다.

조사 길이 효과는 조사 URL을 누르고 실제 조사를 진행했던 1,303명 중에서 발생한 303명의 중도 탈락자들에게 영향을 미쳤을 것으로 볼 수 있다. 일단 조사 URL을 열었던 사람들 중 76.7%가 최종 조사를 완료한 결과(조사 협조율)는 어느 정도의 수치일까? 이번 조사보다 문항 수가 훨씬 적은 한국리서치 〈여론 속의 여론〉 웹 조사의 경우 응답 협조율이 70~75%가량 되는 것과 견주어보면 이번 조사 참여자 대비 응답률 76.7%라는 수치는 크게 높은 수치로 보기 어렵다.

이는 208개 문항이 전혀 부담이 아니었다는 의미가 아니라, 응답 피로도를 완화할 조치들의 결과로 이해하는 것이 타당할 듯하다. 첫째, 총 변수 문항이 208개였지만 개별 문항의 구조를 보면 하나의 질문, 동일 척도(보통 리커트 척도)에 하위 질문 항목만 교체하면서 차례로 답하는 '그리드(grid)형' 문항이 다수였다. 문항 하나가 독립적으로 카운트되는 '싱글 문항'의 경우는 27문항에 불과하다. 그리드형 문항의 경우 비용 계산 시 일반 싱글 문항의 0.5개로 계산한다. 그렇게 보면 이번 조사는 111개의 싱글 조사 문항으로 구성된 질문지가 같은 길이로 간주된다. 이를 기준으로 보면 다른 종합 사회 조사나 세계 가치 조사, 국내 각종 통일 인식 조사에 비해 많은 편이라 할 수 없다.

둘째, '20대에서 25.9%의 극단적 응답군이 발견된 것이 전체 조사에서 응답 피로도에 따라 극단적인 응답자들만 남은 결과'라는 가설을 세웠다고 해보자. 그렇다면 이런 극단화 효과는 20대 여성이나, 다른 세대에서도 동일하게 나타나야 하지 않을까? 208개라는 질문지의 부담이 20대 남자에게만 작용할 이유는 없기 때문이다. 그러나 예를 들어 복지 성장에 대한 태도의 경우 20대 남자도 조사 내용에 따라 극단 값의 비율이 1~2%에 불과한 문항도 많고, 20대 여자나 다른 세대에 비해 극단적 응답 값이 절반에도 미치지 못하는 경우도 많았다. 조사 길이 때문에 20대 남자만 극단적 응답자가 많았다는 가설은 응답 결과에 비추어 타당하지 않다.

물론 그리드형 문항이 일반적인 단일 문항에 비해 피로도가 낮아 111개로 카운트한다고 하더라도 이 역시 적은 문항 수는 아니며, 반복형 그리드 문항의 경우 자칫 불성실하게 소위 같은 번호를 쭉 찍는(straight lining) 불성실 응답의 가능성을 높이는 것으로 알려져 있다. 이번 연구팀에서는 우선 응답 척도의 방향을 수시로 바꾸어, 긍정에서 부정 진술 순서로 보기와 부정 진술에서 긍정 진술 순서로 보기를 계속 교체하는 질문지 구성을 했다. 한국리서치에서는 동일한 응답 번호가 전체 문항의 일정 비율을 넘어서면 자동으로 웹 서베이 팀에 고지되고, 이 경우 서베이 실사팀에서 점검 후 불성실 응답이 아니라고 확인될 경우에 조사를 재개하는 이중 관리를 하고 있다.

셋째, 문항 길이의 피로 효과를 상쇄하는 가장 효과적인 방법은 인센티브를 제공하는 것으로 알려져 있다. 이번 조사의 경우 애초 예산과 달리 한국리서치 격주 웹 조사에서 지급하는 인센티브를 문항 수를 고려해 두 배로 제공한 것이 답변율 하락을 막은 요인으로 작용했던 것으로 잠정 판단하고 있다.

### 3 반페미니즘 정체성 지수의 타당성 문제

### '페미니즘에 대한 다양한 정체성 군집을 분류해낸 여섯 개의 지표 구성은 타당한가'

이 질문은 매우 핵심적이고 쉽게 답변하기 어려운 문제다. 사회과학에서 지수화의 타당성(validity)에 대한 문제 제기는 어떤 지수도 피해 갈 수 없는 질문이다. 결론부터 얘기하자면 제한점을 가지고 있으나, 한국의 젊은 남성들이 가지고 있는 반페미니즘 정서를 측정하는 문항으로서 나름 의미 있는, 타당성과 분석적 유용성을 갖는 도구라고 평가할 수 있다.

기존 연구들에서 남녀 간 젠더 이슈에 대한 태도 차이를 분석하기 위해 다양한 명칭의 '페미니즘 지수'들이 사용되어 왔다. 예를 들어 Feminist Identity Scale(FIS-R, Rickard, 1989), Feminist Identity Development Scale(FIDS,Bargad & Hyde, 1991), Feminist Identity Composite(FIC, Fischer et al. 2000) 등이 있다(Moradi and Subich 2002). 지수별로 다양한 차이가 있지만 페미니스트 정체성, 페미니즘 운동에 대한 평가, 여성성과 남성성, 사회적 역할·차별 실태에 대한 인식 등은 대체로 공통된 요소들이다.

이러한 논의를 바탕으로 이번 조사에서는 젠더 이슈에 가족과 연애에서의 남성성과 여성성에 대한 태도, 결혼에 대한 태도, 남녀 차별 실태, 페미니즘과 페미니즘 운동에 대한 태도, 남녀 평등 정책 등의 차원으로 질문지에 포함하였다. 다만 기존 지수 문항들을 그대로 차용하기보다는 한국적 맥락에서

쟁점이 되는 항목들을 중심으로 지수를 구성하고자 했다.

또한 언론 매체를 통해 직관적인 분석 결과를 서술해야 한다는 점을 고려할 때 학술적 차원에서 위의 모든 차원을 고려한 페미니즘 지수를 산출하는 것은 적절치 않다고 보았다. 남녀 간의 페미니즘을 둘러싼 태도 유형을 페미니즘, 페미니스트, 페미니즘을 정의하는 세 차원에 대한 동의, 평가, 태도를 측정하는 문항을 선별했다. 세부 지표로는 ①페미니스트로서의 정체성 유무 ②전통적인 페미니즘 긍정적 정의에 대한 동의 여부 ③페미니즘 운동의 여성 평등에 대한 기여도 ④페미니즘 부정적인 정의(피해자 주의), ⑤페미니즘 운동에 대한 부정적 평가(여성우월주의), ⑥페미니즘에 대한 거부감 등 일체감을 묻는 질문을 각각 긍정적 진술과 부정적 진술로 균형을 맞추었다.

사실 이 문항 구성은 페미니즘에 대한 일차원적인 찬반 구분보다 긍정성과 부정성이 공존하는 상충성(ambivalent attitudes)을 측정하려는 목적이 더 컸다. 조사 결과, 예상대로 적지 않은 응답자 층에서 긍정적 인식과 부정적인 인식이 공존하는 상충적 페미니즘 정체성이 확인되었으나, 유독 20대 남자 집단에서 예상보다 훨씬 강력하게 일관된 반페미니즘 태도를 보이는 응답층의 존재를 확인한 것이 가장 핵심적인 발견이라고 할 수 있다.

반페미니즘 지수를 구성하는 여섯 문항이 이 문제를 측정하기에 적절한가 하는 의문도 여러 차례 제기되었다. 그러나 다른 차원의 페미니즘 지표들을 지수에 포함하여 다시 조사하더라도 이러한 안티 집단이 20대 남자에 집중되어 있다는 점은 크게 달라지지 않을 것으로 판단된다.

첫째, 기사에서 충분히 보여주었듯이, 기존 페미니즘 지수에 포함되어 있는 가정·연애·결혼 등에서의 여성성과 남성성, 사회적 남녀 차별에 대한 인식 문항들이 이번 조사에 충분히 포함되었다. 다만 페미니즘 지수를 산출하는 데 쓰이지 않았을 뿐이다. 위와 같은 젠더 관련 문항들과 본 페미니즘 지수 사이에 높은 상관관계가 확인되었다. 다시 말해, 페미니즘 지수에서 극단적인 20대 남자는 다른 젠더 관련 이슈들에서 역시 강한 극단적 태도를 가지고 있다. 나머지 집단에서는 그렇지 않았다. 이들 지표가 본 페미니즘 지수에 포함되어도 일관된 극단성은 유지되리라고 추론할 수 있다. 후속 연구를 통해 확인하겠지만 이번 조사 결과에서 포착된 20대 남자의 강한 군집의 존재 자체를 부정하기는 힘들 것이라 예상된다.

둘째, 이번 조사에 포함된 문항들은 완전히 새로운 지표들이 아니다. 개별 지표들에 대한 조사 중 상당 부분은 이미 선행 여론조사 결과에서 부분적으로 확인되어왔던 수치들이다. 이번 조사에서 이를 종합하여 조사하고, 가장 가혹한 기준을 통과하는 군집을 보여주었다는 점에서 강력한 반페미니즘 군집이 20대 남자 집단에 존재한다는 사실은 후속 연구에서도 쉽게 반박되기는 어려울 것으로 예상된다.

'-12점 집단'을 반페미니즘 정체성 집단으로 정의하는 것은 자의적인 기준이 아니냐는 지적도 있다. 물론 이론적·경험적 근거 없이 가장 극단적인 값을 취한 사람들만 강한 반페미니즘 정체성 집단으로 분류한 것은 자의적이다. 그러나 이러한 비판 중 상당수는 '자의적인 기준 때문에 극단적인 집단이 많아 보이는 것 아닌가' 하는 전제를 깔고 있는데, 실제로는 오히려 반대의 결과를 보여준다. 여섯 개 지표에 대해 가장 극단적인 반페미니즘 응답만을 '극단적인 집단'으로 추렸다는 것은, 극단적 집단의 크기를 최소화하는 가장 보수적인 집계 방식이라 할 수 있다. 이런 가혹한 기준은 실제로는 우리가 제시한 25.9%의 수치보다 많은 사람들이 강력한 반페미니즘 정서를 가지고 있다고 볼 수 있게 해준다. -12~+12의 범위 중 -11, -10 도 강한 반페미니즘 태도라고 볼 수 있다. 다시 말해, 반페미니즘 기준을 완화할 경우 20대 남자의 반페미니즘 정체성 집단 규모는 더 크게 추정할 수밖에 없다는 것이다.

방법론적으로는 이렇듯 직관적이지만 자의적인 분류 기준 대신 요인 분석 혹은 군집 분석 등의 통계 기법을 사용하여 분석하면 논란을 피해 갈 수 있었을 것이다. 그러나 이렇게 하면 언론 지면을 통해 읽는 다수의 독자들이 이해하기는 어려운 내용이 되었을 것이다. 직관적인 방식을 택함으로써 독자들의 이해가 쉬워졌다고 본다. 보다 엄밀하고 유용한 통계 기법을 활용한 분류나 지표의 개선 작업은 후속 학술연구 과제라고 생각한다.

이번 기사에서 부각된 25.9%의 의미는 그 추정치의 정확성에 있는 것이 아니다. 만약 다른 차원의 지수들이 포함되거나 가감되면 어느 정도 수치의 변동은 필수적이다. 이번 연구팀에서 주목한 것은 20대 남자는 다른 세대에 비해 극단적 태도가 강한 응답자군이 유독 크게 형성되어 있다는 점 그 자체이며, 25.9%는 '상당한 규모의 군집'이 존재함을 수적으로 표현해주는 상징적 의미가 크다.

기사에서도 이번 연구는 수많은 반증에 직면할 것이라는 점을 분명히 하고 있는데, 아마 처음으로 반박될 사안은 '25.9%'일 수 있다. 연구팀은 25.9%라는 수치를 움직일 수 없는 고정 값으로 생각하지 않으며, 정체성 군집의 존재를 표현하는 상징으로 이해하고 있다. 이 정체성 군집이 존재한다는 주장은 쉽게 흔들리지 않을 것으로 본다.

한편 '안티페미니스트' 혹은 '안티페미니즘 정체성 집단'에 대응하는 '친페미니스트 집단' 혹은 '친페미니즘 정체성 집단'이 관찰되지 않는다고 우리는 보고했다. 극단적 친페미니즘 정체성의 기준으로 +12를 제시한 것은, -12를 기준으로 반페미니즘 정체성 집단을 분류한 것만큼 자의성을 갖고 있다. 다만 이번 조사에서 20대 남자 중 극단적 반페미니즘 집단의 규모를 절대적인 수치 기준으로 -12로 규정하여 분류한 이상,

동일 지수에서 20대 여자 중 극단적 집단의 규모를 추정할 때 간격을 넓게 잡아 비교하는 것은 적절치 않다. 간격을 동시에 넓힐 경우 반페미니즘 정체성은 그만큼 증가하기 때문에 20대 여자에 비해 20대 남자 집단에서 극단적 정체성 군집이 크다는 추론을 뒤집기 어렵다.

'혹시 강성 페미니스트 내의 이질성 때문에 과소 대표된 것은 아닐까' 하는 주장도 있었다. 강한 신념형 페미니스트는 '페미니즘은 한국 여성 지위 향상에 기여해왔다'라는 문항에 부정적일 수 있으며('매우 그렇다'라고 답하지 않을 수 있다), '페미니즘은 남녀 평등보다 여성우월주의를 주장한다'라는 문항에 동의할 수도 있다는 등의 지적이 그 예다. 페미니스트의 경우 급진적 페미니스트 등 내부의 이질성으로 인해 응답이 상쇄되어 신념형 친페미니스트 집단이 과소평가되었다고 볼 법도 하다.

그러나 이 가설은 우리 조사 결과로 간명하게 반박된다. 여섯 개 문항 중 '나는 스스로 페미니스트라고 생각한다'라는 주장에 대한 동의 문항을 보자(표 1-7-6). 급진적 페미니스트의 응답을 완화시키거나 상쇄시킬 요인이 전혀 없는 기본적인 페미니스트 정체성을 묻는 질문이다. 강한 정체성을 가진 응답자라면 쉽게 강한 응답(매우 동의)을 할 수 있는 질문이다. 그러나 이번 조사 결과를 보면 20대 여자에서 '나는 스스로 페미니스트라고 생각한다'라는 진술에 대해 '매우 동의한다'는 비율은 8.3%다. '약간 동의한다'가 24.2%, '별로 동의 안 한다'가 27.1%, '전혀 동의 안 한다'는 응답이 25.2%로, 오히려 강한 반대 입장이 더 컸다(표 1-7-6). 여섯 개 지표 중에서, 20대 여자가 +12에 도달 못 하도록 한 가장 큰 요인이 오히려 이 문항이었다. 이는 페미니스트로서의 강한 일체감을 갖는 20대 여자가 존재하는데 응답을 달리했다기보다는 20대 여자 내에 페미니스트 정체성을 갖는 집단이 많지 않다고 해석하는 것이 타당해 보인다. 이 점을 생각하면 20대 여자 집단에서 강한 신념형 페미니스트가 과소 추정되었다고 주장하기는 어렵다. 다만 본 연구가 20대 남자 연구로 출발했다는 점에서 여성 내부의 페미니즘 이질성을 세밀하게 포착할 수 있는 지표를 충분히 체계적으로 포괄해내는 데는 분명 한계가 있다는 점은 인정할 수밖에 없다.

본 연구에 제기된 문제제기 중 마지막으로 주목해볼 점은 우리가 주장한 반페미니즘 군집을 '정체성 집단'으로 부르는 것이 타당한가 하는 문제다. 이들을 정말 하나의 사회적 집단 정체성으로 부르기 위해서는 추가적인 검증 작업이 필요하다. 일반적으로 사회 집단 정체성은 ①집단 내에서 일관되게 공유되는 집단 특성의 존재(우리 연구에서는, 반페미니즘 태도의 일관성과 강도) ②내적 결집을 공고히 하는 외부 집단의 존재 ③사회화 과정을 통해 내면화된 집단 경험 ④내부 구성원 간의 정서적 결합 등을 필요로 한다. 이번 조사를 통해 집단 내에서 강하게 공유되는 특성(안티페미니즘의 강도와 일관성)과 '20대 여성'을 편드는 권력 시스템이라는 외부 집단이 존재한다는 것은 확인되었다. 이러한 특성이 일시적 현상인지 아니면 사회화 과정을 통해 집단 기억과 공통의 경험으로 내면화된 인식의 결과인지에 대해서는 검증할 수 없었다. 실제로 20대 여자를 편드는 권력 시스템에 대한 반발 외에 20대 남자 간 동질성과 정서적 유대감을 형성하는 기제는 존재하는지에 대한 추가적인 연구가 필요해 보인다. 20대 남자의 경우 이미 청소년기부터 여성가족부에 대한 강한 반감이 사회화되고 있다는 우려도 제기되고 있으며, SNS 온라인 공간이 이들의 동질적 유대감을 강화하고 있다는 가설도 가능해 보인다.

20대 남녀 간 대통령 지지율 격차나 페미니즘을 둘러싼 남녀 갈등을 2018년 혜화역 시위 즈음의 몇몇 사건의 결과나 일시적 현상으로 치부하기도 하고 전임 정권 시기의 교육 정책의 결과로 단순화하는 경향도 있다. 현재의 격차를 일시적 몇몇 사건의 결과로 치부하기에는 강한 군집 특성이 나타나고, 단순히 전임 교육 정책의 결과라는 설명은 20대 남자와 20대 여자 사이의 정권에 대한 태도 격차를 설명하지 못한다. 젠더 문제를 바라보는 극단적인 인식 격차가 20대 남녀 간에 존재하고, 그러한 인식 차이가 정체성화된 이질적 군집의 존재로부터 비롯될 수 있다는 본 연구 결과는 20대 남자 및 여자에 대한 근본적인 시각 전환의 필요성을 던져주었다. 이번 조사에서 가장 주목해야 할 대목이라고 볼 수 있다.


참고문헌

Bargad, A., and J. S. Hyde, *Women's studies: A study of feminist identity development in women*, Psychology of Women Quarterly 15, 1991. pp. 181-201

Chang, L. & Krosnick, J. A. *National surveys via RDD telephone interviewing versus the internet comparing sample representativeness and response quality*, Public Opinion Quarterly, 73(4), 2009. pp. 641-678

Breen, J. A., R. Spears, T. Kuppens, and S. de Lemus, *Multiple identity approach to gender: Identification with women, identification with feminists, and their interaction*, Front, Psychology 8, 2017. pp. 1-12

Couper, M. P., *Is the sky falling? New technology, changing media, and the future of surveys*, Survey Research Methods, 7(3), 2013. pp. 145-156

DeCamp and M. Manierre, *Money Will Solve the Problem: Testing the Effectiveness of Conditional Incentives for Online Surveys*, Survey Parctice 9(1), 2016, pp. 2-14

Kreuter, F., Presser, S., & Tourangeau, R., *Social desirability bias in CATI, IVR, and web surveys the effects of mode and question sensitivity*, Public Opinion Quarterly, 72(5), 2008. pp. 847-865

Liss. W., C. Hoffner, and M.Crawford, *What do feminists believe?*, Psychology of Women Quarterly, 24, 2000. pp. 279-281

Moradi, B. and L. M. Subich, *Feminist Identity Development Measures: Comparing the Psychometrics of Three Instruments*, The Counseling Psychologist 30(1), 2002. pp. 66-86

Morgan, B. L., *Putting the feminism into feminism scales: Introduction of a liberal feminist attitude and ideolgoy scale(LFAIS)*, Sex Roles, 34, 1996, pp. 359-390

Roster, C. A., Rogers, R. D., Albaum, G., & Klein, D., *A comparison of response characteristics from web and telephone surveys*, International Journal of Market Research, 46, 2004. pp. 359-374

Sarracino, F, C. Riillo, and M. Mikucka, *Comparability of web and telephone surveys for the measurement of subjective well-being*, Survey Research Methods. 11(2), 2017. pp. 141-169

Groves, R.M., *Nonresponse rates and nonresponse bias in household surveys*, Public Opinion Quarterly 70(5), 2006. pp. 646-675

# 6장 우리는 왜 20대 남자에 주목했나

천관율 〈시사IN〉 기자와 정한울 한국리서치 여론 분석 전문위원이 한 자리에 모였다. 2019년 5월 2일 〈시사IN〉 팟캐스트 '시사인싸'에 초대된 이들은 20대 남자 현상을 설명하며 사회자(방송인 최광기)를 자주 놀라게 했다. 다음은 이날 녹음해 업로드된 '시사인싸' 11화를 정리한 내용이다. 천관율 기자와 정한울 전문위원의 협업 스토리부터 반페미니즘 신념형 20대 남자를 측정한 방식, 스스로 밝히는 이번 조사의 한계까지 1부에서 미처 담지 못한 뒷이야기를 싣는다.

요즘 SNS에서 이슈가 되는 〈시사IN〉 커버스토리가 있습니다. 무려 3부작으로 다룬 '20대 남자, 그들은 누구인가'인데요. 208개 문항을 가지고 1,000명을 대상으로 설문한 뒤 이를 바탕으로 '20대 남자 현상'을 심층 분석한 천관율 〈시사IN〉 기자와 이를 공동 기획한 한국리서치 정한울 전문위원을 모셨습니다.

기사에 따르면 정한울 박사께서 무모한 도전에 흔쾌히 응해주신 덕분에 이번 기획이 가능했다던데요. 프로젝트를 진행하기가 대단히 힘드셨을 것 같습니다. 그럼, 하나하나 짚어보겠습니다. 먼저 이 설문을 진행하게 된 동기가 궁금합니다.

천관율 2018년 가을부터 많은 사람들이 '20대 남자 현상'이라는 게 과연 있는지 주목하기 시작했습니다. 청와대를 비롯해 여당 국회의원들도 '표가 빠진다'면서 이 주제에 관심을 가졌죠. '교육을 잘못 받았다'는 둥 '이명박근혜 시대에 교육을 받은 세대라 그렇다'는 둥 때로는 말실수를 하기도 했습니다. 전반적으로 이슈가 됐죠. 그렇다면 '20대 남자 현상'이라는 게 도대체 뭐냐, 뭐를 현상이라고 할 거냐, 이 부분에서는 사실 합의가 없었습니다. 이게 출발점이자 난점이었죠.

### 2018년 가을 시작된 의문

사실 관심이 많은 주제라 해도 현상을 설명하기가 쉽지는 않은 일이었을 텐데, 두 분이 이 작업을 콜라보로 진행하게 된 배경이 궁금합니다. 각자 어떻게 역할을 나누셨는지요.

천관율 맨 처음 정한울 박사를 찾아가서 "20대 남자에 대한 설문을 돌리면 어떨까?" 하는 이야기를 몇 번 나누다가 "아, 이건 안 된다" "하지 말자" 결론을 내렸습니다. 왜냐하면 문항 몇 개를 가지고 답을 끌어낼 수가 없을 것 같았습니다. 예를 들어 20대 남자들이 특정 현상에 대해 왜 그런 반응을 보이는지 묻는 거라면, 그러니까 예를 들어 '왜 20대 남자가 문재인 정부를 지지하지 않는가'에 대해 묻는 거라면 해당 문항을 집중적으로 짤 수가 있어요. 하지만 현상 자체가 뭔지 찾는 것은 전혀 다른 문제입니다. 그래서 정 박사와 "우리, 하지 말자"라고 합의를 봤죠. 그런 다음 편집국장에게 "이건 안 되겠는데요"라고 보고했더니, 그래도 무조건 하라고 하더라고요(웃음). 국장이 하라니 돌파구는 찾아야겠는데…. 그때 정한울 박사가 웹 조사라는 게 있다고 소개를 해주었습니다. 그게 왜 돌파구가 되는지는 정 박사가 설명해주시면 좋을 것 같은데요.

정한울 쉽게 얘기하자면 온라인을 통한 조사입니다. 기존에 했던 전통적인 조사는 전화를 이용한 면접 조사거나 대면 조사였죠. 그간 웹 조사를 사용하지 않았던 건 디지털 격차에 따라 디지털에 대한 이해도가 떨어지는 분들이 있기 때문입니다. 가령 노인 세대는 정보통신 기기에 대한 이용도가 떨어지는 만큼 20세부터 59세까지는 웹 조사가 가능해도 그 윗세대 즉, 60대 이상 응답자는 잡기가 어려웠어요.

제가 몸담은 한국리서치의 경우 자체적으로 45만 명에

달하는 패널을 구축해서 관리하는 시스템이 있습니다. 액티브하게 조사에 참여하는, 지역성과 연령 대표성에 근접한 45만 명의 패널 툴을 만들어놓고 이들과 접촉하는 방법을 사용하죠. 그럼에도 불구하고 60대 이상은 조사가 잘 안 됐습니다. 이에 저희가 2017년부터 온라인 패널을 활용하는 방법론적 혁신을 꾀하면서 내부 연구소를 만들어 새로운 실험을 많이 벌였어요. 요즘은 노인들도 카카오톡을 많이 사용하시잖아요. PC나 이메일 사용 빈도는 노인 세대가 젊은 세대에 비해 떨어지지만 카카오톡은 그렇지 않죠. 이에 착안해 등장한 게 '듀얼 모드' 또는 '믹스드 모드'라는 혼합 컨택 방식입니다. 이메일로만 조사지를 발송했던 이전 방식과 달리 PC와 스마트폰을 병행해 조사지를 전송하는 방식이죠. 이 방식을 사용했더니 실제로 휴대전화를 사용하는 60대 응답률이 높아진 겁니다. 그 결과 2018년부터는 60대 이상의 세대 대표성을 맞추는데 아무 문제가 없어졌습니다.

### 웹 조사로 간신히 돌파구를 찾다

천관율 전화 면접 조사는 10~15개 질문을 조사하기도 어려워요. 그런데 웹 조사에서는 400~500개 문항까지도 촘촘하게 물어보는 게 가능하더라고요. 고객의 수요를 타게팅하기 위해 마케팅에서 많이 쓰는 조사 방법론이기도 했어요. 이렇게 촘촘하게 물어보는 게 가능하면서 전체 대표성도 훼손하지 않는,

두 가지 접점에 있는 조사 방법론을 정 박사께서 소개해주신 거죠. 그러고 나니 '어? 할 수 있겠는데?' 싶었어요. '질문을 100개 이상 던질 수 있다면 충분히 많은 질문을 통해서 가설 자체를 검증해볼 수 있겠다' 하면서 돌파구가 열렸던 거죠.

그 시기와 방식이 절묘했던 것 같습니다. 20대 남자에 대한 관심과 분석하고 싶어 했던 욕구, 한국리서치가 갖고 있던 기술 노하우가 만난 셈이네요. 어떻게 조사했는지 궁금합니다.

정한울 208개 문항에 이르는 방대한 양의 조사를 했다는 게 자랑거리일 수도 있겠습니다만, 사실 조사 방법으로 치면 부담이 큰 방식을 채택한 거죠. 문항 수가 많다는 게 좋다는 건 아닙니다. 응답자의 피로감이라는 게 있으니까요. 그런데 경험적으로나 이론적으로 볼 때 피로감에도 불구하고 성실한 응답을 이끌어내는 효과적인 방법 중 하나는 조사 사례금을 충분히 지급하는 것입니다. 그래서 이번 조사를 진행하면서 저희는 조사에 응한 답례를 현금으로 지급했습니다. 답례가 상품권일 때와 현금일 때 또 차이가 있더라고요. 이번 조사는 사례비를 보통 때보다 두 배 이상 쓴 걸로 알고 있습니다.

조사 방법을 좀 더 구체적으로 설명해주시겠어요?

정한울 그동안 '20대 남자' 또는 '20대 여자' 현상에 대한 얘기는 많았어도 이에 대한 조사가 잘 되지는 않았습니다. 통상 1,000명을 조사하게 되면 그중 20대는 약 200명 안쪽으로 잡히거든요. 그중에서도 남녀를 구분하고, 해당 집단 내 하위 집단을 또다시 구분해야 하니까 20대 현상을 살펴볼 수 있는 충분한 양의 샘플은 아니었던 겁니다. 따라서 20대 현상을 제대로 분석하기 위해서는 20대 샘플 수를 늘리는 게 최대 관건이었습니다. 20대 샘플을 500명은 모아야 심층적인 분석이 가능하다고 봤습니다. 그래서 20대가 100명 포함된, 전 연령층을 포괄하는 전국 샘플 600명을 먼저 마련한 다음, 거기에 부스터 샘플(booster sample)로 20대만 400명을 추가해 결국 1,000명 데이터를 만들었죠. 제가 천관율 기자를 만난 게 2019년 2월 7일이었는데, 조사를 실시하기 전까지 다섯 번을 만나 질문지를 설계하고 4월에 기사가 나왔으니 엄청 긴 프로젝트였던 셈입니다.

질문 문항이 총 208개였다고 들었는데요. 이들 문항을 어떻게 만들었는지, 문제의식은 뭐였는지 궁금합니다.

천관율 이번 조사가 나오기 전까지 20대 남자 현상에 대해서 어떤 이야기가 오갔는지 떠올려보면, 그간 굉장히 많은 설명이 있었다는 걸 알 수 있습니다. 이를테면 젊은 세대가 정치적으로 보수화되었다거나, 페미니즘 물결이 워낙 거세다 보니 이에 대한 반작용이 등장했다거나, 유난히 공정성에 민감한 세대가 등장했다거나, 입시·취업 경쟁이 워낙 거세고 가혹한 데다 고도성장이 끝나고 저성장 국면에 접어들면서 기회가 줄어들다 보니 20대 남자 현상이 등장했다는 등 정말 많은 설명이 있었습니다. 그런데 각자 자기가 스스로 마음에 드는 설명을 가지고 '이게 20대 남자 현상이 등장한 이유다' 이렇게 이야기들을 하니까 논의가 진척이 안 되는 겁니다. 어느 이야기가 맞고, 어느 이야기가 틀린지, 또는 어느 이야기가 더 가능성이 높은지를 이야기할 수 없는 단계에서 서로 자기가 보기에 중요한 것을 강조하는 단계에 논의가 머물러 있었던 거죠. 집권 여당 내에서도 '교육이 문제다' 같은 이야기를 별 근거 없이 하는 상황이었습니다. 그래서 우리가 조사를 설계할 때는 이런 각각의 주장에 대해 이게 정말 사실인지를 전부 물어보고자 했어요. 다시 말해 여성 혐오가 문제인지, 페미니즘이 문제인지, 그도 아니면 공정성 감각이 문제인지, 이 모든 걸 다 물어봄으로써 이 질문이 차이를 만드는지, 차이를 만들지 않는지를 전부 물어보는 수밖에 없겠다고 생각하면서 문항을 세팅하게 된 거죠. 그래도 질문 문항이 208개까지 갈 거라고는 처음엔 생각을 못 했어요.

질문을 통해 가설이 어느 정도는 예상되잖아요. 실제로

결과도 그렇게 나왔나요?

천관율 몇 가지는 예상대로 검증된 것들도 있었지만, 우리가 예상한 가설에서 벗어난 게 훨씬 많았죠. 저나 정한울 박사가 몇 가지 들고 있던 가설이 줄줄이 깨져 나갔어요. 데이터를 받고 나서 '야, 이거 기사 못 쓰겠다'고 생각했을 정도로요. 일단 20대 남자들이 여성 차별 문제에 대해서는 다른 세대 남자들과 의견이 다르지 않았어요. 비슷합니다. '여성 차별, 문제 있다'라고 대체로 생각해요. 그런데 20대 남자가 다른 세대 남자, 곧 30대가 넘은 남자들과 가장 결정적으로 달랐던 건 '남성 차별이 심각하냐'고 물어본 이 부분이었습니다. 20대 남자는 '심각하다'라고 확 쏠리는 반응을 보인 반면에 30세 이상 남자들은 남성 차별 문제가 심각하다고 느끼지 않았어요. 거기서 20대 남자 현상의 단초를 발견하고 분석에 들어간 거죠.

20대 남자 현상의 백미는 단연 '젠더 문제'라고 기사를 쓰셨습니다. 20대 남자 중에서 남성 차별이 심하다고 답변한 사람이 68.7%나 된다고요. 이렇게 높은 숫자가 나왔다는 데 깜짝 놀랐습니다. 어떤 차별을 의미하는 걸까요?

### 20대 남자와 곰탕집 성추행 사건

천관율 맞습니다. 그 숫자가 상당히 놀라운데, 30세 이상 기성세대 남자들은 '남성 차별이 심각하지 않다'고 답하거든요. 그 결과 20대 남자와 그 윗세대 남자들의 답변 그래프가 완전히 반대로 갑니다. 그렇다면 차별이라는 게 도대체 어떤 감각이냐? 먼저 노동 시장에서 차별받고 있다고 느끼는지 물어본 질문에서 20대 남자들은 차별받지 않는다고 응답합니다. 취업 시장이나 승진 등에서 차별받지 않는다고 느낀다는 거죠. 물론 여자들이 차별받는다고 느끼지도 않습니다. 20대 남자들은 취업이나 승진 등 노동 시장에서 차별을 느끼지는 않아요. 그렇다면 어디서 차별을 느끼느냐? 두드러지는 문항이 몇 가지 있는데, 우선 법 집행이 공정하냐고 물어봤을 때 20대 남자는 법 집행이 남성에게 크게 불리하다고 답해요. '매우 불리하다'와 '대체로 불리하다'를 합친 응답률이 53.6%가량 됩니다(<u>표 1-4-1</u>). 예를 들어 최근 2심 판결이 나온 곰탕집 성추행 사건 같은 게 대표적인데요. 이런 사건들을 보며 20대 남자들이 '법 집행은 남자에게 불리하다, 남자에게 공정하지 않다' 이런 감각을 갖게 된 듯합니다.

의미심장하네요. 그러니까 법 집행이 여성에게 유리하다고 보는 거잖아요?

천관율 20대 남자에게서만 이런 응답 경향이 나타납니다. 다른 세대의 남자들은 그렇지 않아요.

정한울 말씀하신 것처럼 20대 남자 중에서도 극단적인 반페미니즘 태도를 갖고 있는 집단이 법 집행 자체를 불평등·불공정하다고 보고 있습니다. 이 부분에서 젠더 이슈와 연결이 되는 것 같아요. 가령 과거에는 성추행 사건 같은 게 일어났을 때 피해자의 처신에 책임을 돌리기도 했죠. 이를 바로잡는 과정에서 피해자의 진술을 우선적으로 고려하는 문화가 서서히 생겨났는데, 남성에 의한 성추행이나 미투 사건 등 남녀 갈등 사건이 일어났을 때 여성 피해자 진술을 존중하는 것 자체가 가해자로 지목된 사람의 무죄 추정 권리를 오히려 부정하는 것 아니냐는 생각을 이 집단이 하는 것 같습니다. 결과적으로 젠더 관련 사건에서의 피해자 우선주의를 남성에 대한 역차별로 받아들이는 거죠. 이게 핵심적인 요인이 아닌가 하는 생각이 들어요.

천관율 20대 남자 현상을 한 줄로 요약하자면 '남자와 여자가 직접 마주쳤을 때 여자들에게 차별받는다'는 느낌이 아니라 '남자와 여자가 갈등하는 상황에서 권력이 여자 편을 든다' 이게 핵심적인 정서로 잡힙니다. 그렇기 때문에 젠더 이슈만도 아니고 권력 이슈만도 아닌, 젠더와 권력이 만나는 이슈에서 굉장히 폭발적인 분노를 드러냅니다.

이번 조사에서 '정부 양성 평등 정책에 대해서 어떻게 생각하는지' 물어봤습니다. 모든 세대·성별이 '대체로 잘하는 편'이라고 평가해요. 그런데 20대 남자는 그래프가 완전히 반대 방향으로 향합니다. 75.9%가 못하고 있다고 말하거든요(표 1-5-1). 이 정도면 굉장히 높은 수치인데요. 사실 정부의 양성 평등 정책에 어떤 것이 있느냐 생각해보면 금방 떠올리기가 쉽지 않아요. 그런데 젠더와 권력, 이 두 가지가 만났을 때 굉장히 강한 반대 의사를 표현하는 거죠. 저희가 뽑아낸 결론으로는 '20대 남자들이 권력에 의해서 차별받는다고 생각하는구나' 하는 거였어요. 기성세대 남자들은 남성 우위 사회에서 이를테면 군대를 간다거나 남자들이 져야 할 책무들이 있었기에 이를 역차별이라고 불렀잖아요. '역(逆)'이라는 말이 붙었다는 건 일단 남자가 유리하다는 사실에 대해서는 인정을 하고 들어가는 거라 할 수 있죠. 그런데 20대 남자는 이걸 '역차별'이 아닌 그냥 '차별'로 인식해요. 차별받는 약자, 마이너리티라는 정체성을 갖고 있는 거죠. 20대 남자들이 가진 마이너리티 정체성의 발견, 이게 저희의 가설이었던 겁니다.

저는 듣고 있으면서도 놀랍고 마음속으로 납득이 안 되는 부분이 있어요. 오랜 시간 동안 여성이 겪어야 했던 일들, 그 차별받은 역사가 여성의 이름으로 쓰여 있어요. 그 '기울어진 운동장'을 이제야 바로잡겠다고 나섰는데, 이런 상황이 벌어지다니 정말 놀랍네요. 남성 마이너리티 정체성이라니, 어찌 보면 여성주의 연극에서 가상극 할 때 일부러 과장해서 그려내던 상황이 실제로 벌어진 셈인데요. 천 기자가 말한 대로라면 남성 마이너리티 자의식의 집단화가 실제로 존재하는 거네요.

천관율 숫자를 하나만 더 설명해드리고, 이 자의식을 어떻게 측정했는지 정한울 박사의 설명을 들었으면 좋겠습니다. 젠더와 권력이 만나는 맥락에서 볼 때 이건 권력의 문제죠. 20대 남자들에겐 권력 게임의 상대가 있는 겁니다. 권력 게임의 상대라면 주적이죠. 주적이 누구냐? 페미니즘인 거예요. 페미니즘이 젠더 권력 게임에서 남자를 차별하는 주적으로 자리하고 있는 겁니다. 페미니즘이라는 단어도 윗세대에게는 낯선 단어일 때가 있었는데 지금은 전혀 그렇지 않아요. 페미니즘에 대한 의견을 물으면 굉장히 강하고 일관된 의견이 형성되어 있습니다. 이 대목도 저는 매우 놀라운데, 이번 조사에서 페미니즘에 대한 태도를 묻는 질문을 여섯 개 던졌습니다. 이들 질문에 대해 5점 척도로 '매우 동의'에서 '강한 반대'까지 다섯 단계로 답할 수 있게 했습니다. '페미니즘은 남녀 평등보다 여성우월주의를 주장한다'라는 문장에 20대 남자는 '동의한다'는 응답 비율이 78.9%, 그중에서도 '매우 동의' 응답 비율이 59.0%예요(표 1-7-2). 다른 세대 성별하고는 확연히 다릅니다. 곧 이들에게 페미니즘은 '여성의 우월'을 쟁취하기 위한 권력 게임의 주적인 거죠. 이런 인식이 20대 남자에게 강력하게 드러나고 있습니다. 다른 문항에서도 젠더와 권력이 만나면 튀는 답변들이 나왔습니다. 굉장히 일관되게 튀는 답변을 하는 20% 덩어리가 발견되었어요. 그러다 보니 '어? 일관되게 튀는 이 20% 집단은 뭐지?' 하는 의문에서 2차 분석 전략을 고민하게 되었고요. 이 문제를 풀 열쇠는 페미니즘에 관련한 질문일 수밖에 없겠다고 생각하게 됐습니다.

결과적으로 보면 20대 남자의 25.9%가 페미니즘에 대한 강한 반대를 표하고 있다고 기사에서 설명하셨어요. 곧 이들 25.9%가 확고한 반페미니즘 정체성을 가진 집단으로 확인이 된 건데, 이건 어떤 의미로 설명해야 할까요?

정한울 저희가 잠정적으로 '반페미니즘 정체성을 가진 집단'이라고 이름을 붙이긴 했습니다만, 정체성이라는 이름을 붙이려면 추가 검증 작업이 필요합니다. 놀라운 수치가 나왔고, 그게 일관된다는 점에서 정체성이라고 말했지만, 집단의 정체성을 형성하는 과정은 사실 한순간에 생기는 건 아니거든요. 장기간에 걸친 사회화 과정, 공통의 경험 등을 통해서 정체성 의식이 생기는 것이기 때문에 이에 대한 분석이 필요할 것이라고 봅니다. 아직 연구가 안 돼 있기 때문에 '잠정적'이라고 말씀을 드려야 할 것 같습니다.

저희가 정체성을 측정하는 방식은 이런 거였는데요. 사회

학계의 기존 연구를 보니까 굉장히 많은 페미니즘 지수가 있었습니다. 대체로 서구에서 연구돼왔던 것들인데요. 보통 페미니즘 지수를 만들기 위해서 30~50개 문항을 사용하더라고요. 학자나 연구자에 따라 차이는 있지만 공통적으로 '소위 여성다움이란 뭐라고 생각하느냐'고 묻고 있습니다. 또한 남성성에 대해 파악하는 문항도 들어가고요. 실제 사회에서 남성의 역할과 여성의 역할과 같은 성 역할을 파악하는 문항도 세트로 들어갑니다. 나아가 페미니즘에 대해서도 공통적으로 묻습니다. 페미니스트 집단에 일체감을 가지고 있는지, 페미니즘 운동이 사회에 어떤 영향을 끼친다고 생각을 하는지, 이런 내용들을요. 저희가 만든 문항은 페미니즘 지수를 파악하기 위한 다차원적인 문항을 포괄하되, 한국적 특성을 고려한 것이었습니다. 가령 남녀 갈등을 담은 사회적 이슈가 발생했을 때 보이는 반응을 보면 20대 남성의 타깃은 주로 페미니즘에 집중돼 있는 겁니다. 조사를 하기 전에도 페미니즘에 대한 20대 남성의 반감이 이런저런 형태로 확인된 바 있기 때문에 우리는 응답자들이 페미니즘을 어떻게 생각하고, 스스로 얼마만큼 페미니즘에 일체감을 느끼면서 평가를 하고 있는지, 이런 것들을 중심으로 페미니즘 찬반 지수를 만들려고 했습니다.

천관율 질문 문항 208개 중 페미니즘에 대한 태도를 직접 물어본 것은 여섯 개였습니다(표 2-1-1). 이를테면 첫 번째로 '나는 스스로 페미니스트라고 생각한다'라는 문항에 매우 동의하면 +2점, 매우 반대하면 -2점을 쓰고, 약하게 동의하거나 반대하면 +1이나 -1, 잘 모르겠으면 0점을 쓰라는 식이었죠. 이어 두 번째 '페미니즘은 남녀의 동등한 지위와 기회 부여를 이루려는 운동이다', 세 번째 '페미니즘은 한국 여성의 지위 향상에 기여해왔다', 네 번째 '페미니즘은 여성을 피해자로 생각한다', 다섯 번째 '페미니즘은 남녀 평등보다 여성우월주의다', 여섯 번째 '페미니즘이나 페미니스트에 거부감이 들 때가 있다'였습니다(네 번째부터 여섯 번째까지는 매우 동의 -2, 매우 반대 +2로 매긴다). 6개 문항에 만점은 +12점과 -12점에 분포하게 돼 있습니다. 곧 페미니즘에 가장 친화적인 친페미니스트가 +12점이 나오고, 페미니즘을 가장 강하게 반대하는 반페미니스트가 -12점이 나오게 설계돼 있습니다. 이런 조사를 벌일 경우 아주 극단적인 값은 잘 나오지 않습니다. 보통은 중간 단계에서 답변을 고르니까요. 그런데 25.9%가 뭐냐 하면, 20대 남자 중 이들 여섯 개 문항에 대한 답변이 -12점인 응답자의 비율, 즉 여섯 개 문항 모두에 대해 '강한 반대'를 나타낸 응답자의 비율입니다. 다시 말해 네 명 중 한 명이 '강한 반대'를 표시했다는 얘기죠. -12점이면 극단적인 점수잖아요. 사실 이렇게 극단적으로 나오는 답을 저는 지금껏 본 적이 없습니다.

정한울 보통은 조사 과정에서 찬반을 물어볼 때 4점 척도라고

하면 '약간 찬성' '약간 반대' 쪽으로 의견이 쏠리면서 찬반이 갈리고, 극단 값의 비율을 보게 되는 경우는 거의 없죠. 그런데 이번 조사에서는 20대에서 계속 튀는 답변이 나오는데, 왜 그러나 추적해봤더니 극단적인 값이 다른 세대에 비해 20% 안팎으로 높았던 거예요. 천 기자가 극단 값을 찾아보자는 제안을 주셔서 여섯 문항을 지수화하고 극단적인 답을 하는 사람이 얼마나 되는지 분석해본 겁니다. 전체 응답자 데이터를 보면 그 극단 값이 6~7%예요. 그런데 세대별로 보면 20대의 극단 값이 가장 컸고, 추가 분석을 안 했지만 30대 비율도 적지 않아요. -12점 비율이 17.5%입니다. 40대가 10.9%, 50, 60대 각각 3.5%, 1.5%입니다.

천관율 기성세대가 될수록 극단 값이 줄어들고 젊을수록 극단 값이 올라가는 경향이 뚜렷했습니다. 이를 20대 남자 현상이라고 부르기는 했지만 30대 남자를 집중해서 조사하면 더 확증할 수 있겠다는 생각이 들었어요.

2030세대가 일자리나 취업 시장에서 소외되어 있다는 생각도 들면서 기성세대로서 이들을 안쓰럽게 바라보는 애정 어린 눈길이 있었거든요? 도대체 이 세대에게 드러나는 이 수치의 의미가 뭘까, 이들 강한 정체성 집단에게는 어떤 특이점이 있을까 궁금해집니다.

**천관율** 사실 정직하게 말씀드리자면 아직 잘 모르겠습니다. 주변의 사회학 연구자들에게 방금 했던 대로 여섯 개 문항을 주고 남성과 여성의 극단 값이 몇 퍼센트쯤 될까를 물어본 적이 있습니다. 그랬더니 '20대 남자 극단 값이 20~30%는 될 것이다'라고 맞춘 연구자들이 몇 있었어요. 그런데 이 연구자들도 모두 틀린 게 있습니다. '여자 중 +12점이 나온 응답자가 몇 퍼센트나 될 것 같나요?'라고 물어보면 남성 비율과 거의 비슷하게 추정하는 답변을 해요. '양쪽 극단 값이 비슷하게 있을 것이다' '20대 여자 극단 값도 20~30%는 될 것이다'라고 보는 거죠. 온라인에서 보면 양쪽에 있는 사람들이 날마다 격렬하게 전쟁을 벌이고 있는 것 같으니까요. 그런데 놀랍게도 이번 조사에서 20대 여자 중 +12점 응답자는 0.8%에 불과했습니다. 물론 우리가 던진 문항들이 극단적인 페미니즘을 측정하기에 적절하냐는 논란도 있었는데, 각각의 문항을 제거하고 봐도 이 추세가 달라지지는 않아요. 어떤 분석을 해도, 여섯 개 항목 모두에서 매우 강하게 페미니즘을 찬성하는 집단이 안 잡힙니다. 평균 점수로도 내봤는데, 모든 여성들이 0점 주위에 몰려 있었습니다. 남성들도 50~60대는 0점 주위에 있었어요(표 2-2-1). 그런데 세대가 젊어질수록 마이너스 값이 커지면서 20대 남자에서는 전체 평균이 -6.3점이었습니다. 이건 사실 모든 질문에 대해 20대 남자 응답자들이 일관되게 "페미니즘에 반대해요"라고 답한 결과라 추정할 수 있습니다.

여자들에게서는 이런 현상이 드러나지 않아요. 그러니 저도 묻고 싶습니다. 도대체 이 세대, 왜 그러는 걸까요?

이제껏 제대로 된 조사가 없었다니 이제부터라도 새 출발을 해야 할 것 같은데요. 한계가 있다고는 하나 이번에 수집된 데이터를 기반으로 머리를 맞대고 고민해봐야 할 것 같습니다.

정한울 지금껏 말씀드린 대로 우리가 나름 가설을 갖고 이번 조사를 시작했고, 그 과정에서 검증한 가설도, 기각한 가설도 있는데요. 이걸 정리해보면 한 단계 진전된 이야기는 할 수 있을 것 같습니다. 그럼에도 이 세대가 왜 그러느냐고 물었을 때 잘 모르겠다고 대답할 수밖에 없는 이유가 뭐냐면 지금 나타나는 20대 남자 현상 자체, 그리고 이 집단에서 나타나는 모습 자체가 사회적인 변동과도 연관이 있는 것 같아요. 우리 사회의 평가 시스템이라든지 남자와 여자가 살아가고 있는 실제 삶의 변화도 영향을 미치는 것 같고요. 이처럼 굉장히 복합적인 요인들이 작용하고 있다는 생각이 드는데, 지금까지는 이런 문제에 대한 접근을 일도양단하듯 속단하는 경향이 있었던 것 같습니다. 데이터 등 실증적인 검증 작업 없이 이러저러한 가설이 마치 검증된 것처럼 재단될 때, 사실 그 대상들은 더 화가 나는 법이거든요. 이를테면 '교육을 잘못 받아서

20대 남자들이 그런 거다'라는 식으로요.

**에이징 효과 대 코호트 효과**

정답이 한 가지만 있는 게 아닌데 하나의 명제를 갖고 이 현상들을 다 설명하려고 하니까 이런 오류에 빠지는 거겠죠.

정한울 추가로 연구해야 될 과제가 등장한 건 사실입니다. 지금 우리 사회에서 이 문제에 접근하게 된 과정을 보면요. 처음에는 세대 차이에 관심을 갖다가 2012년쯤부터 에이징 효과(정치적 신념이나 학력·재산 등과 무관하게 나이가 들수록 정치적으로 보수화되는 경향)와 코호트 효과(젊었을 때 정치 성향이 나이가 들어도 유지되는 경향)에 대한 논의가 이어졌지요. 제 개인적으로는 2014년 무렵부터 고민이 생겼습니다. 저는 지금까지 세대 간 차이에만 관심을 뒀는데 '세대 내부 차이는 어떤가?'를 고민하기 시작한 거죠. 앞서 기성세대는 20대를 온정적으로 보거나 혼내줘야 할 대상으로 보기도 하는 등 한 집단을 동질적인 것으로 가정해 왔습니다. 대표적인 게 20대를 '헬조선 세대'라고 명명하면서 취업이 어렵고 암울한 세대로 그리는 식입니다. 그런데 사실 그 안에 이질적인 요소가 적지 않아요. 데이터가 충분치는 않지만 20대 내부의 소득 수준은 다른 어떤 세대보다 이질성이 큰 것으로 보입니다. 옛날에도 잘사는 사람과 못사는 사람의 구분이 있었지만 그 격차가 아주 크지는 않았죠. 한 반에 잘살고 못사는 아이들이 섞여 서로 도시락 나눠 먹는 분위기가 있었거든요. 그런데 지금 20대가 처한 경제적인 수준을 보면 편차가 굉장히 큰 편입니다. 엄청 잘사는 청년이 있는가 하면, 헬조선 담론에 맞는 어려운 친구들도 적지 않죠. 개인적으로 처음에는 20대 내부의 계층적 차이가 고민이었습니다. 그런데 그 연구를 하기 직전에 젠더 차이에서 그 이질성이 터져 나온 거죠. 사실 젠더 차이가 관심을 가졌던 주제는 아니었는데 이번 조사에서 젠더 문제를 둘러싼 남녀 간, 남녀 각각 집단 내부에 이질적인 군집의 존재를 뒷받침하는 충격적인 수치를 접하게 되었습니다. 확실히 이제는 '20대 남자를 동질적으로 보는 게 맞는 건가' 하는 의문에 객관적인 근거를 갖게 된 셈입니다. 강한 정체성을 지닌 20대 남자 집단이 25.9%라는 건 그 25.9%에 포함되지 않는 그룹도 있다는 걸 의미합니다. 따라서 25.9%의 모습만을 가지고 20대 남자 전체를 설명하는 건 굉장히 위험하다는 거죠.

의미 있는 말씀인 것 같아요. 통계가 갖고 있는 한계도 있겠습니다만 이 현상이 보여주는 의미를 다각적으로 분석하고 이걸 어떻게 이해해야 할지에 대한 토론이 계속 이어져야 할 것 같습니다. 사실 저희 집에도 20대가 한 명 있어요. 25.9%에 들지는 않지만 아주 전형적인 20대 남성입니다. 그런데 확실히 제가 20대 때 가졌던 경험과 지금 아이가 겪는 경험이 다르다 보니 아이와 끊임없이 충돌하게 돼요. 기르는 동안에도 계속 그랬고요. 그런 의미에서 정한울 박사께서 아까 말씀하신 경험이라는 게 20대 때 만들어진 일시적인 것이 아니라, 그들이 지속적으로 가져왔던 어떤 게 아닐까, 그에 따른 어떤 특징이 있는 건 아닐까 하는 생각도 하게 됩니다. 개인적으로도 이런 연구가 계속 진행되길 바랍니다. 천관율 기자가 드디어 마지막 정리를 할 때가 된 것 같은데 어떻게 생각하세요?

천관율 제가 한마디로 딱 정리를 할 수 있다면 왜 3부작을 썼겠습니까?(웃음) 어쩔 수 없이 몇 가지 조각들을 보여주면서 우리가 세운 잠정적 결론으로 나아가는 방식을 취할 수밖에 없었는데요. 조금 전에 정한울 박사가 말씀하신 대로 '20대 남자가 왜 이러나?'라는 질문은 중간에 기각이 됐습니다. 20대 남자 중에서도 똘똘 뭉친 25.9%의 집단이 이 같은 차이를 만들어냈다고 한다면 이 집단에 대해 물어보는 게 오히려 더 정확한 접근법이겠다 싶었던 거죠. 그래서 이 25.9%의 집단이 각각의 문항에 대해 어떻게 응답하고 움직이느냐, 이 25.9%와 다른 20대 남자들의 차이를 만들어내는 지점은 무엇이냐, 이렇게 접근 방법을 바꿨고 그러면서 이야기가 더 복잡해졌습니다.

최대한 간단하게 전달해드리면, 예를 들어 우리가 물어본 것 중 '결혼을 하면 사회적 성취를 이루기 어렵다' '자녀를 가지면 사회적 성취를 이루기 어렵다' 같은 문항들이 있었어요. 여기에 '그렇다' 또는 '아니다'를 답하게 한 건데요. 이렇게 물어보면, 아마도 짐작하시겠지만 20대 여자들은 사회적 성취를 이루기 어렵다는 데 상당히 많은 수가 동의합니다. 아이를 낳을 경우 사회적 성취를 이루기 어렵다는 데 78.0%가 동의해요. 그런데 20대 남자 중 강한 정체성 집단, 곧 25.9% 집단은 여기에 동의하는 비율이 39.1%밖에 안 됩니다(표 2-5-3). 아이를 낳는 게 자신의 사회적 성취에 별반 영향을 주지 않을 거라 생각하는 사람이 많은 거죠. 결혼에 대한 답변도 비슷하게 나옵니다. 곧 결혼과 출산이 자신의 사회적 성취와 충돌하는 건 명백히 여성들인 거죠. 남자들은 상대적으로 덜 부담을 지는 게 사실이고요. 그렇다면 가족을 꾸리고 아이를 낳는 건 여성에게 좀 더 불리하다고 보는 게 상식적인 추론이겠죠.

그런데 우리가 다시 '가족을 꾸리는 것은 여성에게 더 유리하다'라는 질문을 던지고 '예' '아니요'를 답하게 했더니 강한 정체성을 지닌 20대 남자 중 65.2%가 '예'라고 답했어요(표 2-5-4). 앞의 문항과 내용상 다르게 답하기 굉장히 어려운 문항인데도 이런 결과가 나온 거죠. 이게 사실 저도 어떻게 설명해야 할지 모르겠어요. 자녀를 갖는 문제나 결혼을 하는 문제에 대해 또래 여성에 비해 훨씬 부담을 덜 느끼는 20대 남자들이 막상 결혼은 여자에게 유리하다고 답한 셈이니까요. 가족을 꾸리는 건 여자에게 유리한 게임이라고 강한 확신을 갖고 있는 거죠. 이건 정말 어떻게 해석을 해야 할지 모르겠더라고요. '이 정도면 정체성에 기반한 반응이라고밖에는 설명할 길이 없구나'라는 생각이 들었던 데이터였습니다.

한 가지 예를 더 들자면 한국은 여성 소득이 낮죠. 노동사회학 하시는 분들은 여성 소득이 낮은 가장 큰 원인으로 경력단절을 꼽던데요. 저희가 던진 질문 중 '남녀의 소득이 비슷한 사회가 공정하다'라는 게 있었어요. 어찌 보면 굉장히 당위적인 문장을 던지고 여기에 '그렇다' '아니다'를 답하게 한 거죠. 이런 질문을 받은 사람들은 "아, 이건 당연한 거 아냐?" 하면서 '그렇다' 쪽을 체크하는 게 보통일 겁니다. 그런데 강한 정체성을 지닌 25.9% 집단은 달라요. 58.3%가 여기에 동의하지 않았어요(표 2-6-1). 다시 말해 과반수 이상이 '남녀 소득이 동등한 사회가 공정하지 않다'고 답한 셈입니다.

(믿기지 않는다는 듯) 하, 하. 질문의 전제가 따로 있었나요? 그 결과를 어떻게 이해해야 하나요?

**천관율** 전제는 따로 없이 이 문장만 던진 건데요. 추측하자면, '남녀의 소득 격차가 성차별 때문이 아니라 능력에 따라 나게 된 것이고, 따라서 남녀 간 능력에 차이가 있다면 소득 또한 차이가 나는 게 공정한 것 아니냐'는 생각으로 그런 답변을 한 것 같습니다. 또 '여성의 소득이 낮은 이유는 일로 성공하려는 노력이 남성보다 약하기 때문이다'라는 문항이 있었는데, 강한 정체성을 지닌 25.9%의 20대 남자 집단 중 여기에 동의한다는 비율은 78.3%였습니다. 열 명 중 여덟 명이 그렇게 생각한다고 나온 거죠. '한국에서 여성의 소득이 낮은 이유는 성차별 때문이다'라는 문장을 던지면 다른 세대는 대부분 동의한다는 쪽 응답이 많아요. 하지만 25.9%의 강한 정체성을 지닌 집단은 성차별 때문이 아니라고 응답한 비율이 무려 95.7%예요.

네? 95.7%요?

### 여자는 유능하다. 단 학창 시절까지만

천관율 그렇습니다. 사실상 100%가 동의한 셈이죠. 이 집단이 생각하기에 성차별은 존재하지 않는 겁니다. 오히려 차별을 받는 것은 20대 남자니까요. 이들 집단에서는 차별이라는 말이 여성에게 아예 해당되질 않는 거죠. 이런 조각들을 가지고 '20대 남자 현상은 왜 생겼나'(이 책의 3장)에서 이런 현상의 기원이 뭐냐, 이게 어디에서 발생하는 거냐를 더듬어가면서 몇 가지 가설을 던졌습니다. 다시 말하지만 이건 가설입니다. 이걸 사실로 확인했다는 뜻이 전혀 아닙니다.

'20대 남자 현상은 왜 생겼나'의 핵심 데이터를 우선 몇 가지 소개해 드릴게요. 이번 조사에서는 각각의 생애주기에서 남자가 유능한지, 여자가 유능한지, 아니면 별 차이가 없는지를 묻는 질문들을 던졌습니다. 초·중·고등학교에서의 학업 능력, 대학 입시, 취업 시험, 취업 후 업무 능력, 사회생활 이렇게 다섯 가지를 물었죠. 이에 대한 20대 강한 정체성 집단의 응답만 따로 떼어놓고 보면 굉장히 재미있습니다. 이 25.9% 집단은 어떤 경우에도 여자가 유능하다는 데 단호하게 반대해요. 다만 초·중·고 교육과정과 대학 입시에서는 여자가 뛰어나다는 데 동의합니다. 초·중·고 교육과정에서 '여성이 대체로 뛰어난 것 같다'가 39.1%, '남성이 대체로 뛰어난 것 같다'가 4.3%예요. 대학 입시에서는 '여성이 뛰어난 것 같다'가 29.2%, '남성이 뛰어난 것 같다'가 4.2%고요. 취업시험까지만 해도 여성이 뛰어나다는 쪽 응답이 많습니다(표 2-7-1, 표 2-7-2).

그런데 취업 후 업무 능력으로 가면 갑자기 달라집니다. 취업 후 업무 능력에서 남자가 뛰어나다는 쪽이 60.9%로, 여자가 뛰어나다(4.3%)는 응답을 확 뛰어넘어요. 그래프가 십자 형태로 급격하게 꺾입니다. 취업 후 업무 능력에서 남자가 뛰어나다는 응답은 사실 별로 놀랍지 않습니다. 오히려 놀라운 건, 초·중·고 교육과정이나 대학 입시에서 여자가 더 뛰어나다고 응답한 점이에요. 그간의 다른 답변에 비춰볼 때 이건 굉장히 이질적입니다. 이걸 놓고 정한울 박사가 몇 가지 통계 분석을 시도하기도 했습니다만, 이들 문항에 대한 응답이 강한 정체성을 지닌 20대 남자 집단을 해석하는 데 뭔가 상관성이 있는 건 아닐까, 더 검토해볼 가치가 있다는 결론이 나왔습니다. 이런 데이터가 몇 개 더 있어요.

저도 강남역 살인 사건 등 성별 갈등이 극대화되어 수면 위로 올라오는 걸 보면서 이게 10대 때부터 교실에서 벌어지는 성별 갈등이 이어져 나타난 건 아닐까 하는 생각이 들었습니다. 정한울 박사가 지적하셨듯 이게 일시적으로 나타난 현상은 아닐 것이기에 이들의 성장 과정도 들여다봐야 할 것 같습니다. 개인적인 문제라기보다 입시 경쟁 등 구조적인 차원의 문제가 성별 갈등으로 드러나는 건 아닌가 싶습니다. 저는 사실 오늘 너무 충격에 빠져 갈수록 말이 안 나오는데요. 우리가 미루어 짐작하던 것이 데이터로 실제 눈앞에 확인돼 보이니 훨씬 더 심각한 문제라는 생각이 듭니다.

**'우리에게는 차별할 힘이 없다'**

정한울 강한 정체성 집단은 현실 인식 자체가 그 윗세대나 여성들과는 좀 다릅니다. 대표적으로 차이가 나는 것은 이런 겁니다. 우리 윗세대만 하더라도 우리 사회가 남성에게 더 유리하고, 여성에게 차별적이라는 걸 알고 있죠. 이에 대해 별 이견이 없습니다. 그런데 강한 정체성을 지닌 20대 남자들은 그 사실 자체를 부인합니다. 그건 윗세대 얘기고, 우린 그렇게 차별한 적이 없다는 거죠. 나아가 '우리와 지금 맞서고 있는 여성들은 과거에 차별받았던 그 여성들이 아니라 초·중·고 교육과정, 대학 입시, 취업 경쟁에서 우리를 압도하고 있는 강한 집단'이라는 겁니다. 기존의 통념과는 다른 인식을 갖고 있는 거죠. 시장의 모든 경쟁에서 지고 있는 '루저'는 오히려 '우리들'이라는 거니까요. '우리에겐 차별할 힘도 없다, 차별했던 사람은 우리 윗세대인데 왜 우리에게까지 책임을 묻는 거냐'라는 억울함이 20대 남자들에게 분노의 뿌리를 이루고 있는 듯합니다.

지금의 20대라면 386세대의 자녀들이라 할 수 있겠죠. 민주화를 경험하고 확대된 고등교육 기회를 누렸던 386세대가 키워낸 자녀들이 이런 생각들을 갖고 있다는 건 참 설명하기 어려운 측면이 있는 것 같습니다. 억압적이기보다는 민주적으로 컸고 그래서 차별이라 할 만한 것도 크게 겪지 않았을 것 같은 자녀 세대가 성별 갈등에 더 민감한 반응을 보이고 있는 거니까요. 이게 사회적 병리 현상으로 계속 이어지고 있고요.

천관율 우리가 이 조사를 진행하면서 가장 먼저 기각한 가설이 '20대 남자는 공정에 더 민감할 것이다'입니다. 20대 남자가 공정에 민감한 것은 사실인데, 이건 20대 남자만의 얘기는 아닙니다. 우리 사회의 모든 세대, 모든 성별이 공정에 민감해요. '수능이 더 공정하다' '사법 시험은 폐지해서는 안 된다' '점수로 줄을 세우는 게 공정하다'라는 식으로 한국의 여론 지형은 공정한 객관식 시험에 대한 강한 애착을 보여주고 있습니다. 그렇기 때문에 유난히 공정성 감각이 발달한 세대가 등장했다고 보기는 어려울 것 같습니다.

그럼에도 불구하고 공정이라는 키워드로 돌아올 수밖에 없는 게 '무엇을 공정으로 볼 것이냐'에 대한 기준선 내지 감각이나 잣대가 달라지면 다른 사람들이 '이 정도면 공정한 거지'라고 생각한 것에 대해서도 화를 낼 수 있다는 거죠. 물론 추가적인 연구가 더 필요하긴 하겠습니다만, 이번 조사 중 딱 세 개만 예를 들어볼게요. '취업 시 여성 할당 정책에 동의하는가' '육아로 인한 여성의 경력 단절에 대한 지원과 보상 정책에 동의하는가' '여성 고위직 비율 확대 정책에 동의하는가' 이렇게 세 가지 질문을 던졌는데(110~117쪽 참조), 사실 취업 시 여성 할당제에 대해서는 '어? 이게 좀 불공정한 것 아닌가?' 라는 인식이 제법 광범위하게 퍼져 있습니다. 강한 정체성을 지닌 20대 남자뿐만 아니라 일반 20대 남자나 30대 남자들도 '취업 시 여성 할당제'에는 모두 반대하고 있는 것으로 나옵니다. 물론 그중에서도 강한 정체성을 지닌 20대 남자들의 반대는 유별납니다. 취업 시 여성 할당제에 대해 동의하지 않는다는 비율이 무려 100%니까요. 그중 91.3%가 '전혀 동의하지 않는다'입니다. 절대 안 된다는 얘기죠. 취업은 자기 능력으로, 자기 노력으로 해야 하는 건데 그걸 권력이 끌어올려준다? 이건 불공정하다는 겁니다. 이런 정서가 다른 세대 남성에게도 있습니다만, 강한 정체성을 지닌 20대 남자는 유독 셉니다.

### 여성의 책임을 어디까지 볼 것인가

그에 비해 경력 단절 여성을 지원하는 문제는 조금 다르게 보고 있어요. 이건 왠지 그 여성의 책임이 아니라는 생각이 직관적으로 들죠. 능력이 없어서라거나 노력을 안 해서라기보다 출산은 생물학적인 부담이니까요. 그런 의미에서 20대 남자들도 경력 단절의 책임을 여성에게 물어야 한다고 생각하는 것 같지는 않습니다. 강한 정체성을 지닌 20대 남자 집단이 무조건적인 여성 혐오 집단이었다면 이 문항에 대해서도 일단 반대 의사를 표시했을 겁니다. 그런데 강한 정체성을 지닌 20대 남자 중 경력 단절 여성을 지원하고 보상을 확대해야 한다는 데 동의하는 사람은 64.0%에 달합니다(표 3-3-3). 다른 연령대 남성들과 큰 차이가 없어요. 이 과정에서 우리는 강한 정체성을 지닌 20대 남자 집단이 여성에 대해 덮어놓고 반대하는 건 아니라는 가설을 세울 수 있었습니다. 다만 공정성에 대한 이들의 감각 내지 기준선이 어떠하냐를 놓고 볼 때 취업 시 여성 할당제는 명백히 불공정하게 여겨진다는 겁니다. 경력 단절 여성에 대한 지원은 그렇지 않고요.

그다음 여성 고위직 확대 문제로 가게 되면 여기서 공정에 대한 잣대가 갈라집니다. 기성세대 남자들은 사회적 경험 등에 비춰볼 때 여성에게 불리한 유리천장을 인식하는 듯합니다. 그래서 '이건 해볼 만한 정책이야'라며 여성 고위직 비율 확대에 찬성하는 쪽 비율이 좀 더 높게 나타납니다. 물론 이게 할당제 형식을 띠게 된다면 문제가 훨씬 복잡해지겠지만, 비율을 확대한다는 원칙에 대해서는 찬성하는 입장입니다. 그런데 강한 정체성을 지닌 20대 남자는 79.2%가 반대하는 것으로 나왔습니다. '이건 하면 안 되는 정책이다' '왜?' '자기들 노력과 능력으로 해야 하는 걸 외부에서 개입해 끌어올리는 건 불공정하기 때문이다'라는 인식 체계가 작동한 거죠. 공정을 판단하는 기준선 자체가 다른 세대와는 차이가 나는 겁니다.

지금껏 나온 얘기들을 들어보니 20대 남자들이 결혼, 출산이나 육아 문제를 판단할 때만 너그럽고 다른 나머지 부분에 대해서는 일관되게 결사반대하고 있네요.

천관율 그렇죠. 자기 책임이 아닌 부분에 대해서까지 '여자는 안 돼'라고 생각하는 건 아닙니다. 그런데 자기 책임이다, 아니다를 판단하는 기준선이 다른 세대에 비해 훨씬 가혹한 겁니다.

이제 얘기를 좀 정리해야 할 듯한데요. 사회적으로 논란이 될 만한 기사를 던졌고 연구를 하신 만큼 이를 계기 삼아 많은 사람들이 머리를 맞대고 논의에 참여하는 시작점이 됐으면 좋겠습니다. '20대 남자' 기사가 나간 뒤 어마어마한 댓글이 달렸다고 들었는데, 기사에 따라온 여러 피드백을 보면서 '이건 오해다' 싶은 부분도 있었을 것 같아요. 이에 대한 해명이랄까, 기사를 쓴 기자로서 뭔가 하고 싶은 얘기가 있지 않나요?

천관율 네, 굉장히 여러 종류의 피드백이 있었는데요. 그중 먼저 조사 방법론에 대한 여러 가지 질문들이 있었습니다. 내용적으로는 우리가 제기한 여러 가지 가설에 대해 '그것 말고 이런 것도 있지 않나요?'라고 질문해온 분들이 많았습니다. 그런데 그건 조사 과정에서 기각됐거나 뚜렷하게 드러나지 않았거나 해서 뺀 부분들이 좀 있었어요. 예를 들어 군대 문제. '20대 남자들은 군대에 의한 피해가 크기 때문에 분노한 것이다'라는 가설을 제안하신 분들이 많았어요. 실제로 군대는 20대 남자에 대한 차별이 맞죠. 제가 보기에도 이건 차별이 맞습니다. 그런데 '왜 2019년에 와서 20대 남자들이 왜 이렇게 분노하나'라는 현상을 따져볼 때 이걸 군대로 설명해버리면 '그 전 세대들은 왜 분노하지 않았지?'부터 다시 따지고 들어가 답을 내야 합니다. 그 전 세대가 군대를 안 갔거나, 지금 세대에 와서 군 복무 형태가 유의미하게 달라졌거나 한 게 아니니까요. 오히려 군 복무 기간은 과거에 비해 짧아졌고, 복무 환경도 좀 더 인간적이 됐다고 볼 수 있죠. 따라서 저는 군대라는 조건은 기성세대나 지금이나 같은데, 왜 지금 20대 남자들은 이전 세대와 다르게 반응하는가를 묻는 게 오히려 좀 더 유효한 질문이라고 생각했어요. 군 복무 경험에 따른 피해만으로 설명하려면 논리가 구성이 안 되더라고요. 그렇지만 '왜 군대에 대한 태도에서 이전 세대와 지금의 20대가 차이를 보이는가' 같은 건 여전히 유효한 질문이라고 생각합니다. 이건 차후적으로 더 접근할 과제이긴 한데요. 제가 보기에 이는 원인이라기보다는 현상인데, 기사에 따라온 피드백에서는 이 부분이 약간 뒤섞여 있는 측면이 있는 듯합니다.

### 또 하나의 연구 과제, 20대 여자

정한울 이번에 연구한 게 20대 남자였는데, 제가 사실 본래 관심을 가졌던 건 20대 여자였어요. 젠더 이슈 때문이 아니고요. 지난 2014년엔가 지방 선거를 앞두고 역대 세대별 남녀 투표율을 정리하다 깜짝 놀랐죠. 그 전까지 남녀 투표율을 보면 대

부분 선거에서 남성보다 여성 투표율이 약간 낮았습니다. 특히 60대 이상에서는 여전히 여성 투표율이 남성 투표율을 밑도는 현상이 일관되게 나타나는데요. 그 아래 세대에서는 큰 변화들이 나타납니다. 2000년대 들어와 30대부터 50대까지는 여성 투표율이 남성 투표율을 웃돌았는데, 20대에서만 여성 투표율이 저조했습니다. 그런데 2012년 총선, 2014년 지방선거를 전후해 20대 여성 투표율이 급상승하기 시작합니다. 2017년 대선에서는 아예 20대 여성 투표율이 남성 투표율을 앞질렀고요. 이걸 보면서 '젊은 여성들의 이 같은 정치 참여를 어떻게 볼 것인가' 하는 문제를 고민하기 시작했죠. 이런 제도적 참여는 사실 자신감의 반영이거든요. '내가 말할 자격과 능력이 있다'는 데 대한 자신감이랄까요.

그러면서 연관된 통계들을 찾아보게 됐는데, 눈에 띈 것이 대학 진학률 통계였습니다. 우리나라 대학 진학률이 꺾이기 시작한 게 2009년부터인데, 2008~2009년 즈음부터 여성의 대학 진학률이 남성의 대학 진학률을 역전하기 시작합니다(표 4-4). 그렇다면 이처럼 교육 시장에서 문화 자본을 획득하게 된 요인 등이 20대 여자의 자신감을 높이고, 이것이 또 정치 참여로 이어지게 된 건 아닐까 하는 가설을 세우게 됐던 건데요. 이번에 20대 남자의 특이성을 갖고 분석을 하긴 했습니다만, 20대 여자의 삶이나 생각의 변화도 굉장히 중요한 연구 주제이자 다뤄야 할 주제가 될 것 같습니다.

지금까지 두 분의 얘기를 들었는데요. 놀랍기도 하고 흥미롭기도 하지만 한편으론 마음이 무겁습니다. 이제 시작이니 많은 분들이 계속 관심을 가져주셨으면 합니다. 두 분 마지막으로 하고 싶은 말씀 해주시죠.

정한울 조사를 하는 동안 잦은 만남과 잦은 수정, 포기하려다 다시 하는 과정 등이 굉장히 힘들었는데 그래도 '첫 시도' '첫 실험'이라는 생각에 너무 흥미로웠습니다. 앞으로 이 문제를 연구해봐야겠다는 의지도 불태울 수 있었고요.

천관율 제가 옛날에 일베나 세월호 관련 여론 분석 작업 등을 할 때는 현상 자체가 좁고 특정돼 있다 보니 이를 파고들어가다 보면 '이 문제에 대해 우린 이렇게 생각한다'는 결론을 어느 정도는 내릴 수가 있었습니다. 그런데 이번 조사는 전혀 다른 작업이었어요. 특정 세대를 놓고 광범위한 현상에 접근하려는 작업이다 보니 가장 먼저 하게 된 생각이 '하나의 원인으로 설명하는 건 불가능할뿐더러 윤리적이지도 않다'라는 거였습니다. 그러다 보니 뒤로 갈수록 '이런 가설들이 있다'라고 늘어놓는 식으로 기사가 불친절해진 측면이 있습니다.

조사를 하는 동안 정한울 박사와 이런 얘길 했던 게 기억납니다. '우리가 세운 가설 열 개 중 여덟아홉 개는 틀릴 거다. 우리의 제안, 우리의 설명, 설문 그 자체, 설문을 분석하는 전략 등등이 모두 다르게 나올 수 있다. 그래도 지금껏 나온 얘기 중 우리가 내놓은 얘기가 가장 생산적으로 틀린 것이 아닐까?'라고요. 아마도 우리가 던진 가설 대부분은 틀리겠지만, 그래도 그 틀렸음을 입증할 수 있는 방식으로, 반증 가능하게 이야기를 풀어냈으니까요. 어떻게 물어봤고, 어떤 숫자를 얻어냈고, 어떤 가설을 세웠는지 등등을 다 보여드렸기 때문에 다음 스텝을 밟는 분들은 〈시사IN〉 팀이 어디서 틀렸는지부터 충분히 설명할 수 있을 겁니다. 그것이 이번 조사의 가장 생산적인 지점이 아닐까 싶은데, 아마 다른 데이터가 다 기각돼도 그 점만은 남게 되지 않을까요?

'후반부로 갈수록 불친절하게 썼다'고 스스로 반성문을 써주셨는데, 그럼에도 굉장히 친절하게, 이 연구와 기사를 통해 던진 화두를 많은 사람이 이어갔으면 좋겠다는 바람까지 얘기해주신 것 같습니다. 사실 어떤 현상을 바라보는 시선은 여러 가지가 있죠. 이것이 정답이다, 이것으로 문제를 해결할 수 있다고 하기에는 사회가 너무 복잡해졌고요. 그런 만큼 이런 계기를 마련했다는 것만으로도, 20대 남자를 이해하기 위해 우리가 노력해야 할 필요성을 제시했다는 것만으로도 이번 조사가 큰일을 해낸 거라는 생각을 하게 됩니다. 오늘 깜짝 놀랄 만한 충격적인 통계들이 쏟아지긴 했습니다만, 우리 모두는 각자 서로를 비추는 거울이지 등을 돌려야 할 적은 아닐 것입니다. 함께 살아가는 세상을 만들기 위한 노력은 계속 이어져야 할 것입니다.

# 7장 20대 남자, 아직 남아 있는 질문들

'20대 남자' 기획에 대한 한국 사회의 반응은 뜨거웠다. '20대 남자' 3부작 기사가 실린 〈시사IN〉은 서점에서 매진 사태를 겪었고, 온라인 공간에 게재된 기사 아래에는 찬반 댓글이 빼곡하게 달렸다. '20대 남자' 기획을 진행한 천관율 기자와 정한울 전문위원에 대한 정치권·학계의 강연 요청도 줄을 이었다. 다음은 2019년 5월 9일 서울 용산구 한남동에 위치한 서점 스틸북스에서 '20대 남자, 그들은 누구인가'를 주제로 북토크가 진행되는 동안 천관율 기자와 일반 독자 사이에 오간 질의응답을 정리한 내용이다. '20대 남자' 현상에 대해 독자들은 어떤 생각을 갖고 있고, 무엇을 궁금해했을까.

20대 남자를 조사 대상으로 삼게 된 이유가 궁금합니다. 20대 남자의 어떤 점이 관심을 끌었던 건가요?

제가 본래는 정치부 기자입니다. 그런데 2018년부터 대통령 지지율에서 이상 징후가 포착된다는 얘기가 나오기 시작했습니다. 연령대별로 대통령 지지율이 다르게 나오는 건 별로 드문 일이 아니죠. 60대 이상에서 박근혜 대통령 지지율이 높게 나오는 식으로요. 그런데 같은 세대 내에서 남녀 간에 20%포인트 넘게 지지율 격차가 나온다? 이건 제가 기자로서 처음 겪어본 일인 듯합니다. 문재인 대통령에 대한 20대 남자와 여자의 지지율 사이에 이런 격차가 나타났던 거죠. 그러니 정치권에서도 난리가 났습니다. '이 숫자가 도대체 어디서 튀어나왔냐?' '뭐가 문제냐?' 하면서요. 20대 남자 문제가 공론의 장에 던져진 것이 바로 이 즈음부터였습니다.

그 뒤 굉장히 많은 설명들이 등장했죠. 20대 남자들이 저성장 시대를 맞아 보수화되고 있다, 20대 남자들이 문재인 정부의 양성 평등 정책에 대해 화를 내고 있다, 20대 남자들이 진선미 여성가족부 장관 얼굴만 봐도 뒤로 넘어가려 한다, 20대 남자들이 공정에 유난히 민감하다 등…. 실제로 한 언론사는 20대를 두고 '공정 세대'라는 이름을 붙이기도 했죠. 성장 과정에서 많은 차별을 받아왔다고 얘기하는 20대 남자들을 모아놓고 대담을 벌이기도 했습니다. 여기서 참가자들에게 "어떤 차별을 받았어요?"라고 물었더니 "초등학교 때 우유배달을 남자만 했어요"라는 전설적인 답변이 나오기도 했죠(청중 웃음).

## 20대 남자에 대한 차고 넘치는 가설들

이렇게 현상이 존재하는 이상 이를 설명하기 위한 다양한 기사나 인터뷰가 쏟아졌습니다. 학계에서도 이를 이론적으로 규명하려는 노력이 이어졌고요. 그런데 그 어떤 잣대로도 20대 남자들을 제대로 설명할 길이 없었습니다. 전부 그럴듯한데 뭔가 명쾌하지가 않고, 전부 맞는 말 같은데 또 어떻게 보면 전부 틀린 말 같기도 했으니까요. 포퍼 식으로 표현하자면 반증 불가능한 얘기들이 너무 많았다고나 할까요? 어떤 가설이 맞는지 틀린지 입증하려면 우선 그 가설을 어떤 방법론으로 어떻게 세웠는지 밝힌 다음, '이런저런 방식으로 검증해봤더니 그 가설이 맞더라 혹은 틀리더라' 하는 얘기를 할 수 있어야 합니다. 그런데 이게 불가능했던 거죠. 그러니 진도가 안 나갔던 거고요. 공정이 핵심이라는 사람과 저성장이 핵심이라는 사람과 진선미 장관이 핵심이라는 사람이 무슨 토론을 할 수 있겠어요? 서로 자기가 맞다는 주장만 계속하는 가운데 시간이 흘렀습니다.

그래서 〈시사IN〉이 이걸 조사해보기로 한 거죠. 사실 작은 언론사가 감당하기에는 벅찬 주제이긴 합니다. 그래도 뭔가 해봐야겠다는 생각에서 처음에는 여론조사를 떠올렸다가 곧바로 포기했습니다. 여론조사로 물어볼 수 있는 문항은 많아봐야 열다섯 개 정도일 테니까요. 열다섯 개 문항 물어본 것으로 20대 남자에 대해 뭘 알 수 있겠어요? 다음으로 떠올린

게 포커스 그룹 인터뷰를 하거나 온라인 여론으로 지도를 그리는 방식이었습니다. 후자는 제가 종종 써먹던 방식으로, 데이터 저널리즘의 일종이라 보시면 돼요. 그런데 이런 식으로 특정 그룹 얘기를 듣거나 특정 데이터를 수집하는 방식으로는 '20대 남자는 왜 이런가'라는 질문을 제대로 돌파할 수 있을 것 같지가 않았어요. 20대 남자를 규명하려면 정말 포괄적인 작업이 필요할 텐데, 포커스 그룹 자체가 잘못 설정돼 있거나 또는 조사를 위해 긁어온 데이터가 편향돼 있다면 조사의 신뢰도에 문제가 생길 테니까요. 이를테면 에브리타임(본래 시간표, 일정 관리 등을 위해 만들어졌지만 지금은 학교별 익명 커뮤니티 용도로 많이 쓰이는 앱으로, 대학생들이 즐겨 사용한다)에서 데이터를 긁어올까 하는 생각도 했었어요. 나이 든 세대는 에브리타임이라는 앱이 낯설겠지만, 이걸 즐겨 사용하는 분들이라면 여기에서 통상적으로 어떤 여론 지형이 펼쳐지고 있는지 잘 아실 거예요. 이 방식을 사용했다면 아마 조사 결과는 굉장히 잘 나왔을 겁니다. 20대 남자들의 생각이 생생하게 드러났겠죠. 그래서 오히려 안 되겠다 싶었습니다.

그때 한국리서치 정한울 박사가 소개해주신 게 웹 조사 방식입니다. 20대 남자들에 대해 제기된 가설을 검증할 수 있는 모든 질문을 던져보고, 이에 대한 20대 남자의 답변이 튀는지 튀지 않는지를 살펴보기로 한 거죠. 이를테면 20대 남자들이 공정에 민감한 게 문제라는 가설이 있을 경우 이를 테스트할 수 있는 다양한 상황을 제시한 뒤 '이게 공정한가, 아니면 화가 나나'를 물어봅니다. 그 결과 20대 남자가 유난히 공정에 민감한 것으로 드러나면 애초의 가설은 검토해볼 만한 가치가 있는 것으로 드러나겠죠. 반대로 20대 남자의 80% 정도가 해당 문항에 동의했다 쳐도 20대 여자건, 30대 남자건, 40대 여자건 모든 연령대·성별에서 비슷한 결과가 나온다면 이 가설은 기각할 수 있겠고요. 이렇게 '궁금한 모든 질문을 만들어 넣어보자' 해서 나온 질문이 총 208개였던 겁니다. 문항 짜는 데만 두 달이 걸렸습니다. 다른 일들을 병행하느라 시간이 더 걸린 측면도 있었지만요. 그 뒤 한국리서치가 보유한 패널들에게 이메일을 보내는 방식으로 웹 조사가 진행됐습니다.

**에브리타임을 포기한 까닭**

에브리타임을 활용하면 더 정확한 자료를 얻을 수도 있었을 것 같다고 언급하셨는데요. 그런데도 왜 에브리타임을 쓰지 않고 208개 질문을 이메일로 던지는 방법을 선택했는지 궁금합니다.

제가 2011년경부터 시멘틱 툴이라고, 단어들을 긁어 네트워크 지도를 그리는 툴을 종종 사용해 왔습니다. 이걸로 일베 현상, 세월호 여론 등을 분석했죠. 그 결과가 제가 쓴 책(『천관율의 줌아웃』)에 실려 있으니 궁금한 분들은 참조하시면 됩니다. 질문자께서 '더 정확한 자료'라 표현하셨는데, 그게 아니라 '더 적나라한 자료'입니다. 에브리타임을 이용했다면 이 세대가 젠더나 페미니즘 이슈 등에 대해 가진 태도를 더 적나라하게 드러내는 날것의 구조를 추출할 수 있었을 겁니다. 그렇지만 이것들이 이 세대를 특별하게 만드는 요소인지, 곧 다른 세대와 차이를 만드는 요소인지 비교·검증할 방법이 없었겠죠. 나아가 다른 요소들, 이를테면 저성장·공정에 대해 이 세대가 보이는 반응이 어디에서 나왔는지를 설명하는 여러 가설들에 대해 에브리타임이 설명해줄 수 있는 부분은 제한적이었을 겁니다. 이 세대가 페미니즘이나 젠더 이슈에 대해 어떤 적나라한 태도를 가지고 있는지 에브리타임이 잘 보여준다 해도 이런 태도가 어디서 비롯됐는지 설명하지는 못했을 거라는 얘기입니다. 일베나 세월호 유가족에 대한 여론 변화 추이라면 에브리타임을 이용해도 됩니다. 특정 그룹이 어떤 식의 태도와 정서와 논리 구조를 갖고 있는지 추적해 들어가면 되니까요. 하지만 이번 조사를 시작할 때는 도대체 뭘 물어봐야 할지조차 모르는 상황이었으니, 이렇게 접근할 수가 없었습니다.

응답자들이 서베이에 응답하는 데 얼마나 시간이 걸렸나요? 저 같으면 208개 문항에 끝까지 답변할 수 있었을지 자신하지 못하겠어요. 아마 중간에 그만뒀을 것 같습니다.

저도 정확한 시간을 알고 있지는 못한데요. 조사 담당자들에게 듣기로는 30~40분가량 걸린다고 들었습니다. 전체 협조율, 그러니까 링크를 열어본 뒤 질문 문항을 끝까지 열어보고 응답한 사람 비율이 75%가량 된다고 합니다. 이 정도면 일반 웹 조사와 크게 다르지 않다고 해요. 30~40개 문항으로 진행되는 한국리서치 정례 조사의 전체 협조율도 이 정도라고 들었습니다. 어떻게 이런 조사가 가능했는지에 대해서는 정한울 박사의 글(5장 '20대 남자 현상, 이렇게 조사했다')을 참조하시면 될 것 같습니다.

대학에서 연구 방법론을 공부하고 있습니다. 우리가 표본을 추출할 때는 임의로 하는 게 가장 좋은데, 독립변수 이외의 다른 변수들은 어떻게 통제했는지 알고 싶습니다.

전문적인 내용에 대해서는 앞서 말씀드린 대로 정한울 박사의 글을 참조하시는 게 좋을 듯하고요. 비전문가로서 간단하게 말씀드리자면 한국리서치가 갖고 있는 패널 규모가 150만 명가량 된다고 합니다. 이 중 통계적인 검증을 거친 액티브 패널이 45만 명 정도 되고요. 한국리서치는 그간 이 방식으로 대통령 지지율, 국정 운영 지지도 등에 대한 월간 정례 조사를 해왔습니다. 이건 한국갤럽 등 기존 조사에서 사용하는 무작위 추출 방식과는 다르지만 결과는 일관되게 나온다는 게 한국리서치의 판단이었습니다. 그런 만큼 일단 패널 사이즈를 충분히 키운 다음 액티브 패널과 비액티브 패널을 나눠가면서 액티브 패널을 대상으로 오차 범위를 줄여가는 방식을 사용한 거죠. 물론 이게 대선 여론조사 같은 것이었다면 저도 굉장히 불안했을 겁니다. 우리가 사용한 조사 방식이 아직 완전하게 검증됐다고 믿기는 어려우니까요. 그런데 이번 작업은 좀 달랐죠. 이를테면 이번 조사 결과 20대 남자 중 '25.9%'에 달하는 블록의 답변이 유난히 튀게 나온다는 결과가 나왔습니다만, 25.9%라는 숫자에 대해서는 신경 쓸 필요가 없습니다. 24.7%여도 크게 상관이 없어요. 어차피 우리가 인위적으로 만든 문제를 던져 얻어낸 수치니까요. 우리가 얻고 싶었던 건 특정 수치가 아니라, 이떤 현상의 맥락과 구조가 어떻게 돼 있느냐 하는 것이었습니다. 그러니 너무 큰 오차라면 곤란했겠지만, 약간의 오차 정도는 감수할 수 있었던 거죠.

**'20대 남자 현상'인가, '한국 남자 현상'인가**

25.9%라면 이는 결코 무시할 수 없는 큰 숫자이고, 도태될 수 없는 숫자라는 생각이 듭니다. 해외 사례를 보면 인셀(비자발적 독신주의자 involuntary celibate의 줄임말로, 최근에는 여성 혐오자를 지칭하는 말로도 쓰인다)들이 극단적인 범죄를 저지르기도 하던데, 이 사람들을 어떻게 해야 할지 솔직한 의견을 듣고 싶습니다.

이번 조사에서 우리가 발견한 것 중 굉장히 중요하다고 생각하는 건 이 수치가 임계질량을 넘어섰다는 것입니다. 이 정도면 동조자를 찾기가 굉장히 쉬워요. 25.9%는 그나마 이번 조사 과정에서 엄청나게 가혹한 기준을 적용해 나온 수치입니다. 그런데 20대 남자의 안티페미니즘 성향은 극단적인 25.9%에만 나타나는 게 아닙니다. 20대 남자 전체 평균을 봤을 때 -6점에서 -11점, 그러니까 -12점처럼 아주 극단 값은 아닐지라도 강한 반대를 표시한 응답자가 58.6%에 달해요. 이는 20대 남자 열 명 중 여섯 명은 '꼴페미'로 시작하는 대화를 아주 편하게 이어갈 수 있다는 얘기입니다. 열 명짜리 랜덤 집단에서 이들이 다수파가 될 수 있다는 얘기죠. 어느 그룹에서든 '꼴페미'로 시작하는 대화를 편안하게 꺼낼 수 있고, 동질적인 의견 집단을 만나면서 자신들의 의견을 더 강화시킬 수 있다는 얘기고요. 20대 남자 중 안티페미니즘 그룹은 이미 이 정도 사이즈를 확보하고 있는 셈입니다. 질문자께서 말씀하신 자연도태 같은 얘기를 꺼내기엔 그 스케일이 너무 큰 거죠.

다만, 20대 때 이렇다가 나이가 들면 이런 현상이 사라질 건지 아니면 지금 20대 특유의 현상인지는 알 수가 없습니다. 이들 25.9% 집단이 포착되면서 우리가 새로 한 게 이들을 따로 들여다보는 작업이었습니다. 이들 25.9%를 빼고 나면 다른 20대 남자들은 어떨까라는 의문 또한 풀어야 했죠. '20대 남자 현상은 이들 25.9%라는 특정 블록이 이끄는 것일까?' '이 집단을 빼고 나면 나머지 20대 남자들은 다른 연령대 남자들의 평균치에 수렴할까?' 이런 의문들에 대해서요. 다른 연령대 남자들의 경우 나이가 올라갈수록 페미니즘 찬반 지수가 0에 수렴되는 경향을 보입니다. 연령대가 올라갈수록 페미니즘에 대한 남자들의 태도가 평균화되는 추세는 뚜렷해요. 40대 남자나 40대 여자, 50대 남자나 50대 여자 간에 큰 차이가 없죠. 다만, 30대 남자는 조금 다른 듯합니다. 30대 남자라고 해서 극단적인 반페미니즘 그룹이 적은 건 아니에요.

우리도 미국처럼 100년 치 시계열 조사 자료가 축적돼 있다면 나이가 들수록 페미니즘에 대한 태도가 바뀌는지 어떤지 추적해볼 수가 있었겠죠. 극단적인 반페미니즘이 20~30대 젊은 시절 한때 보이는 태도인지 아니면 신인류가 튀어나온 것인지에 대해서요. 다시 말해 이게 연령 효과인지 세대 효과인지를 측정할 수 있었을 거라는 얘기입니다. 그런데 이번 조사로는 이런 것들을 알 수가 없죠. 연령 효과일지 세대 효과일지 가능성은 둘 다 열려 있습니다. 10년 뒤, 20년 뒤가 되면 이 세대도 지금의 40~50대처럼 젠더나 페미니즘 이슈에 특별한 반응을 보이지 않게 될지 모릅니다. 그 반대일 수도 있겠죠. 이런 걸 알 수 없다는 게 이번 조사 방법론의 가장 큰 한계일 것입니다.

## 외부 공격에 더 커지는 '정의로운 분노'

질문자께서는 이걸 세대 효과로 가정해 우리가 무슨 일을 할 수 있을지 물어보신 것으로 보이는데, 저도 정말 모르겠습니다. 더 당혹스러운 것은, 이들의 반응이 '정의로운 분노'라는 정의의 감각에 기반하고 있는 만큼 외부 공격이 가해질수록 더 세진다는 것입니다. 일베가 잘나갈 때 밖에서 공격이 들어온다고 해서 일베가 약해졌냐 하면 전혀 그렇지가 않았죠. '우리는 정의롭다'는 감각 위에 공격이 들어오면 이들은 이걸 핍박으로 여깁니다. 핍박은 투사들을 강하게 만들죠. 게다가 옆에는 동지들이 널려 있습니다. 열 명 중 여섯 명이 동지니까요. 그렇다면 "너희들이 틀렸어. 한국은 아직 여성의 지위가 낮은 나라야. 이건 사실인데도 이걸 받아들이지 못하겠다면 너희가 멍청한 거야. 그러다간 도태될 거야" 하는 식으로 전선을 세워봐야, 이 사이즈를 줄일 수 있을까요? 저는 회의적입니다.

제가 대학을 다니던 2000년대에는 페미니즘이 지금처럼 보편적인 용어라거나 이슈는 아니었습니다. 당시 남학생들은 페미니즘에 대해 이런 정도로 생각했습니다. '가부장제 진짜 재수없어. 나는 남자의 의무 따위 지기 싫어. 그런데 페미니즘이 가부장제를 해체하려는 시도라고? 그렇다면 남자의 성 역할도 해체할 수 있겠네.' 이런 식의 반응은 특수한 시기, 특수한 공간에서만 작동 가능했던 걸까요? 그도 아니면 보편적으로 정부 정책이 이런 방식으로 흘러갈 때 작동 가능하게 되는 걸까요? 잘 모르겠습니다만, 우리가 대결 구도로 이 문제를 풀 수 있는 시기를 넘었다는 건 확실합니다. 그런 만큼 성평등 정책이 어떻게 하면 모두에게 도움이 되는지에 대한 논의가 더 풍부해져야 할 것입니다. 아마 이런 얘기를 하다 보면 징병제 얘기도 나올 수밖에 없겠죠. 저는 군대가 이 모든 현상의 원인이라는 데는 동의하지 않습니다만, 징병제까지 얘기가 이르게 되면 논의의 틀이 여성가족부 사이즈를 훌쩍 넘어가게 되는 만큼 정부 차원에서 무엇을 할 것인가를 고민해야 할 것 같습니다.

25.9%라는 강한 정체성 집단이 정의의 감각을 갖고 있다고 말씀하셨는데요. 이들 집단에서는 하나의 신념이 종교화될 가능성도 있을 듯합니다. 태극기 부대가 그랬듯이요. 그렇다면 여성을 성녀가 됐든 마녀가 됐든 어느 한쪽으로 유형화시킬 가능성도 있을 것 같은데, 이들 집단이 여성에 대해 어떤 생각을 하고 있는지 취재 과정에서 따로 얘기 들은 바가 있는지요? 이걸 묻는 이유는 25.9%라는 강한 정체성 집단을 규명하는 데 이 질문이 시작점이 돼야 할 것 같아서입니다.

'된장녀'는 스타벅스를 다닌다는 특정 코드라도 있었는데, 그

뒤에 나온 '김치녀'는 사실 그런 것도 없죠. 그냥 한국 여자의 통칭으로 김치녀가 쓰이고 있습니다. 이처럼 여성에 대한 특정한 상을 이미지화하고 박제화하는 일은 끊임없이 일어나고 있었습니다. 아마 그 전 세대에도 있었을 겁니다. 제가 잘 모르고 있을 뿐. 조금 전에 질문자께서 신념이 종교화될 가능성에 대해 지적하셨는데 저는 이것이 새로운 현상인지, 아니면 우리가 알고 있던 현상의 버전 업일 뿐인지 여전히 헷갈립니다. 확신하질 못하겠어요.

**극단적인 집단이 드러내는 보편적 징후**

평소 기사를 읽다 보면 천 기자님이 일베 등 특정 이슈에 유독 관심을 갖는다는 느낌을 받게 됩니다. 관심을 갖는 특별한 이유가 있나요.

그냥 극단적이기만 한 사람들은 별로 재미가 없죠. 그러다 말 테니까요. 그런데 그게 보편적 징후와 닿아 있을 때는 굉장히 재미있는 이야깃거리가 되는 것 같습니다. 극단적인 사람들을 분석함으로써 보편적인 얘기를 할 수 있다면 그것만큼 재미있는 게 없겠죠. 이번처럼 전체 집단을 대상으로 분석한다는 건 굉장히 복잡하고 귀찮은 작업입니다. 답도 잘 안 나오죠. "제일 중요한 숫자가 이거예요"라고 말하기도 어려워집니다. 오히려 극단적인 집단을 대상으로 보편성을 끌어낼 수 있다면, 이 집단이 보여주는 선명성이 있기 때문에 지금 우리가 하는 얘기보다 더 명료한 스토리를 만들 수 있게 될 겁니다.

**'25.9%는 스스로를 선지자라 여길 것'**

지적하신 것처럼 일반적으로는 '페미니즘은 남녀 평등보다 여성우월주의를 주장한다'라는 문항에 찬성하면서 '페미니즘은 한국 여성의 지위 향상에 기여해왔다'라는 문항에 반대하기란 굉장히 어려울 것 같습니다. 페미니즘이 여성의 지위를 향상시켰기에 남성 차별이라는 현실을 만들어냈다고 생각하는 쪽이 논리적일 것이기 때문입니다. 그런데 강한 마이너리티 정체성을 지닌 20대 남자들은 그 어려운 일을 지금 해내고 있는 듯합니다. 우리가 접하는 다양한 사회적 현상들에 대해 비이성적이고, 일관성이 없고, 논리가 부족하고, 현상을 곡해하는 듯한 모습을 보이고 있는 거죠. 20대 남자라고 다른 세대와 특별히 다른 교육과정을 거쳤을 것 같지는 않은데 이유가 뭘까요? 이들의 정체성을 형성시킬 만한 강력한 경험이 따로 있었던 걸까요?

20대 남자에 대한 기사가 나간 뒤 굉장히 많이 받은 질문 중 하나가 군대에 대한 것이었습니다. 20대 남자가 군대를 차별 증거로 유난히 많이 거론하는 건 맞습니다. 하지만 이게 독특한 현상이라면 그 이전 세대와 공유하는 경험, 즉 군대 경험을 원인으로 설명하는 건 논리적으로 맞지가 않겠지요. 이 때문에 제 기사에는 군대에 대한 이야기가 많이 나오지 않는 편입니다. 물론 군대에 대한 20대 남자의 태도가 굉장히 격렬한 건 사실입니다. "군대가 괴롭긴 하지만 갔다 오는 게 나쁘지는 않아" "군대 다녀오는 게 사회생활하기도 편해"라고 생각했던 이전 세대와는 확실히 차이가 있죠. 그렇다고 차이를 원인이라 할 수는 없습니다. 이 차이는 오히려 어떤 원인에 따른 결과라 봐야 하겠죠.

얘기를 하다 보니 '20대 남자가 왜 이러나'라는 질문으로 계속 되돌아오게 되는데요. 저는 개인적으로 세대론을 잘 믿지 않습니다. 특정한 집단 경험이 이전 세대와 다른 세대를 갈라놓는다? 그건 전쟁을 겪은 세대에나 해당되는 얘기라고 생각해요. 지금의 20대 남자들이 이전 세대와 어떤 다른 집단 경험을 했는지 저는 잘 모르겠어요. 그렇다고 20대 남자 현상이 나이가 들면 사라질 거라고 보지도 않습니다. 그보다는 '어쩌다 이런 강한 확신을 지닌 블록이 튀어나왔지?' 하는 질문을 던져보고 싶어요. 그 편이 이번 조사의 핵심 논지에도 가깝다고 봅니다. 질문을 이렇게 던지면 답도 미묘하게 달라집니다. 강한 정체성 집단이든 그 나머지 집단이든 20대 남자의 세대 경험은 같습니다. 이 중 강한 정체성 집단에 유난히 고졸이 많다거나, 직업 전선에 빨리 뛰어들었다거나 하는 편향이 있는 것도 아니에요. 이럴 때 사람들이 느끼는 유혹이 '이 세대가 이때 이런 일을 겪었지' 하면서 단일 원인으로 현상을 설명하고 싶어지는 겁니다. 그 대표적인 예로 민주당 국회의원들이 20대 남자 현상에 대해 "이명박근혜 시대에 교육을 받아 그렇다"라는 식의 말을 했다가 소동이 일어난 일이 있었죠. 이건 사실 검토할 가치가 없는 말입니다. 그 말이 맞다면, 전교조 전성기 시절에 교육을 받은 사람들은 다 '좌빨'이었을 테니까요. 이번 조사를 하는 과정에서 20대 남자 현상의 원인이 뚜렷하게 드러났다면 저도 좋았겠죠. 하지만 그게 아닌데도 사람들은 왜 단일 원인에 집착하고 싶어 하는 걸까요? 제 생각엔 현상이 드러난 원인을 한 가지로 명쾌하게 확정함으로써 마음이 편해지고 싶어 하는 건 아닐까 싶습니다. 그렇지만 그건 불가능합니다. 하나의 원인으로 모든 것을 설명하기는 앞으로도 어려울 것입니다.

저는 30대 남자인데요. 30대와 20대 남자의 공통점보다는 10대와 20대 남자의 공통점이 더 많을 것 같다는 생각이 듭니다. 평소 사용하는 앱이나 드나드는 커뮤니티, 성장 과정에서 받은 교육 등을 따져볼 때요. 10대를 조사해볼 생각은 없으신지요.

군대 경험과 더불어 제가 많이 받은 피드백 중 하나가 10대에 대한 것이었습니다. '이번 조사에서 나타난 20대 남자들의 정서가 10대에는 더 극명하게 나타난다' '10대를 조사해보면 그 정서가 거의 날것 그대로 드러날 것이다' 같은 얘기를 많이 들었어요. 특히 학교 선생님들로부터요. 저희 회사의 여자 선배도 10대인 아들이 이번 조사에서 나타난 20대 남자들과 비슷한 성향을 보인다며 집에서 어떻게 대화를 풀어가야 할지 모르겠다고 난감해하더군요. 사실 10대를 조사해보면 굉장히 재미있는 결과가 나올 것 같긴 합니다. 문제는 10대를 서베이 할 수가 없다는 거죠. 여론조사 기관은 10대 패널 데이터를 갖고 있지 않습니다. 모든 서베이가 성인 대상으로 설계돼 있으니까요. 이런 얘길 했더니 주변에 교육학 전공하는 분이 재미있는 제안을 해주기는 하셨습니다. 교사의 협조를 얻어 학교 세 곳 정도에서 전교생을 대상으로 설문지를 돌려보면 샘플을 1,000개 정도 얻어낼 수 있다고요. 다만, 만일 10대를 대상으로 조사를 하게 된다면 서베이 설계를 다시 해야 할 것입니다. 10대에게 208개 문항을 돌렸다가는 몇 개나 답변할지 장담할 수가 없으니까요.

**탈가부장의 징후, '의무도 권리도 싫다'**

조사를 할 때 지역적 안배를 하셨는지, 그랬다면 지역적으로 차이가 나타났는지 궁금합니다. 보수적인 특정 지역에서 유독 튀는 답변이 나오지는 않았는지 궁금해요. 또한 가지, 저 자신 20대 여자로서 20대 남자들과 학창 시절에 똑같은 교육을 받았다고 생각하는데, 우리 또래 남자들은 왜 그렇게 차별을 받는다고 생각하는 걸까요? 다른 20대 여자들도 저처럼 생각할 것 같은데, 20대 여자를 대상으로 조사를 진행해볼 계획은 없으신지 궁금합니다.

첫 번째 질문에 대해 먼저 답변드릴게요. 처음 조사를 할 때만해도 '지역이나 학력 등에 의해 차이가 나면 어떡하지?'라는 고민을 했습니다. 이건 다른 이슈로 설명해야 할 테니까요. 그런데 우리 데이터로는 이를 입증할 만한 차이가 나오지 않았습니다. 질문자께서 짐작한 특정 지역의 남성들을 봐도, 이 친구들이 고전적인 의미의 가부장성 내지는 남성우월주의에 사로잡혀 있는 걸로 나오지는 않았어요. 이번 조사에서 가부장성을 테스트하는 문항을 몇 개 배치했는데 이게 따로 잡히지는 않더라고요. 따라서 '고전적인 의미의 가부장성이 잔재로 남아 20대 남자 현상이 작동하는 거냐'라고 물었을 때 이건 아니라고 답할 수 있을 것 같습니다. 오히려 조사 결과를 보면 20대 남자들의 탈가부장성이 읽혀 흥미로웠어요. 20대 남자들은 가부장적 권리 체계를 인정하고 싶어 하지 않는 것은 물론 남자들이 지는 의무도 싫어합니다. 의무건 특권이건 둘 다 싫은 거죠.

20대 여자에 대한 조사도 물어보셨는데, 이번 조사의 경우 20대 남자에 대해 거의 모든 질문의 초점이 맞춰졌죠. 그런데 조사 결과로는 20대 여자의 데이터도 상당히 튀는 걸로 나왔어요. 30대 여자와도 크게 달랐습니다. 특히 20대 여자에게서 극단적인 친페미니즘 성향을 찾아보기 어렵다는 결과가 나왔다는 점도 인상적이었어요. 다만, 이번 조사의 타깃이 20대 남성이라 다른 성별이나 연령대는 표본 수도 적었던 만큼 그 결과를 갖고 20대 여자에 대한 내러티브를 써내려간다는 것은 조금 무례하다는 생각도 듭니다. 어떤 가설이 충분히 쌓여 있지 않은 상태에서 조사 결과가 조금 튀게 나왔다고 그걸 함부로 해석할 수는 없어서요. 한편으로는 제가 아직 질문을 찾지 못했다는 말씀도 드려야 할 것 같습니다. 조사를 진행할 때 가장 어려운 부분이 '뭘 물어볼 것인가'인데요. 20대 여자에 관심이 없어서가 아니라, 20대 여자에게 던져야 할 핵심 질문이 무엇인지를 제가 아직 찾지 못했습니다. 혹시 떠오르는 핵심 질문이 있다면 제게 언제라도 의견을 보내주시기 바랍니다.

페미니즘에 대한 반감 같은 것 외에 20대 남자들에게 나타난 현상 중 미처 예측하지 못한 게 있었나요?

꽤 있었습니다. 예를 들어 '성공하는 데 뭐가 가장 중요한가'를 물었더니 자기 성공에 대해서는 '능력'과 '노력'이 가장 중요하다고 생각한다고 답했어요. 그러면서 남의 성공에는 '운'과 '집안'이 중요하다고 응답하는 경향이 나타났습니다. 20대 남자뿐 아니라 20대 여자도 마찬가지입니다. 국민연금에 대한 답변도 흥미로웠어요. 앞으로 국민연금을 돌려받을 수 있을 거라고 생각하시는 분, 손 좀 들어보실래요? (60명 중 세 명 정도만 손을 들자) 역시나 거의 없네요. 20대 남자 중에는 국민연금을 돌려받지 못할 거라고 생각하는 사람이 굉장히 많았는데, 이는 국민연금 제도에 대한 불신만의 문제는 아닌 것 같습니다. '기성세대가 젊은 세대에게 기회를 열어주려고 하나, 뺏으려고 하나' 물었더니 기회를 뺏는다는 답변이 압도적으로 많았습니다(표 3-5-5). 한마디로 세대 계약을 믿지 않는다는 거죠. 이건 20대 현상입니다. 20대 남자건 20대 여자건 모두 그래요. 30대까지도 그렇습니다. 인구 구조로 보나, 고도성장기가 끝난 경제 구조로 보나 내가 지불하고 있는 게 나한테까지 돌아오지 않는다고 생각하는 거죠. 어찌 보면 이에 대한 강력한 자기확신까지도 느껴져요. 이는 세대 간 연대 곧 '내가 돈을 내면 내 후속 세대가 나를 위해 돈을 내줄 것이다'라는 장기 계약을 믿지 않는다는 얘기입니다. 그렇다면 어떻게 할 것인가? 단기 계약, 당장 돈을 당길 수 있는 계약을 하려 들겠죠. 이런 문제 자체가 한국 사회에서 앞으로 굉장히 큰 이슈가 될 것이라는 생각이 들었습니다.

#### 한국 조사에서 관찰된 유일한 역전

해외에서 유사한 조사나 연구 사례가 있었나요? 일본의 경우는 우리와 비슷한 현상이 나타날 수도 있었을 듯한데요.

이번 조사에서는 기존에 썼던 문항들, 그러니까 학계나 여론조사 업계에서 정립된 문항들을 쓰려고 노력했습니다. 그런데 특정 세대 젠더 이슈가 이렇게 타게팅되어 불거진 나라는 한국밖에 없습니다. 최근 미국의 퓨 리서치 센터가 표본집단을 청년, 중년, 시니어 등 세 그룹으로 나눠 성 평등 태도를 측정한 조사를 벌인 일이 있습니다. 그런데 조사 결과 청년의 성 평등 의식이 60대보다 낮은 유일한 나라가 딱 한 곳 있었는데요. 그곳이 바로 한국입니다. 물론 한국의 성 평등 의식 자체는 낮은 편이 아닙니다. 이슬람권 국가 등과는 비교할 수가 없이 높죠. 그런데 세대 간 역전이 일어난 나라는 한국밖에 없다는 얘깁니다. 20대 남자 현상 자체가 굉장히 한국적인 현상인 거죠.

해마다, 또는 3년 내지 5년 주기로 후속 조사를 계속 하실 건지 궁금합니다.

해보고 싶은 것은 많습니다. 조사를 마친 뒤 208개에 포함되지 않은 문항이 계속 떠오릅니다. 이를테면 '노키즈 존이 차별이냐, 업주의 권리냐' 같은 문항을 물어봤다면 좋았겠다는 아쉬움이 들어요. 이런 식으로 새로 떠오르는 질문이 있는가 하면 208개 문항 중 버려도 될 질문도 있습니다. 이런 것들을 추리다 보면 보다 구체적으로 문항을 새로 짤 수 있겠다는 생각이 듭니다. 또 이제는 응답자를 대상으로 한 인터뷰도 들어가야 하는 단계가 됐습니다. 이번에는 이런 작업을 할 만한 타임테이블이 나오질 않았어요. 시간 간격을 너무 길게 두면 안될 것 같다는 생각도 듭니다. 5년 뒤만 돼도 세대가 또 달라질 테니까요. 따라서 후속 조사를 하려면 올해 말쯤에는 시작해야겠다는 생각이 드는데 그때 상황이 어떨지는 잘 모르겠습니다. 해보고 싶은 것, 할 수 있는 것은 굉장히 많습니다. 무엇보다 저 자신이 '이로써 20대 남자에 대해 알 만큼 알았다'라는 생각이 전혀 안 드니까요.

# 부록: 그래프 목록

## 1장 20대 남자, 그들은 누구인가

## 2장 반페미니즘 전사들의 탄생

## 4장 20대 여자, 그들은 누구인가